열정과 자연의 화가 김미경

보호안경과 마스크를 착용하고 작업에 임하는 모습
(털펜타인 유를 많이 사용하는 작업 특성상 보호장비를 착용해야 함)

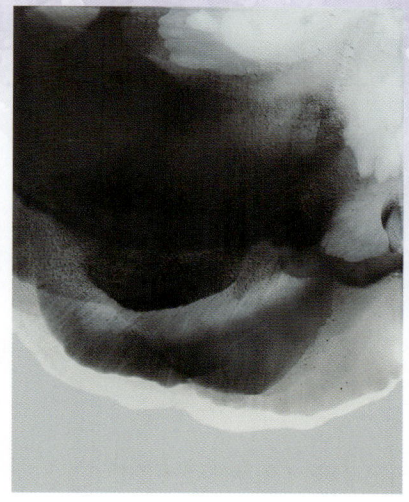

230805-03 130×162cm (2023)

230805-05-1 110×110cm (2023)

230805-06 91×73cm (2023)

230805-07 100×50cm (2023)

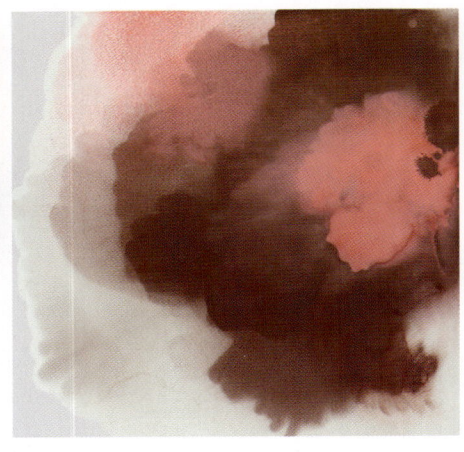

230805-10 91×61cm (2023)					230805-12 90×90cm (2023)

231201-01 50×50cm (2023)					231201-02 50×50cm (2023)

231201-06 162×130cm (2023)

231201-08 227×182cm (2023)

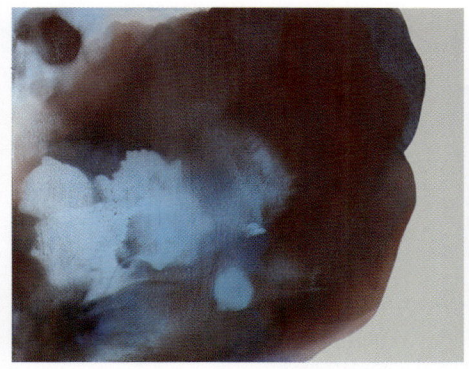

231201-06 162×130cm (2023)

240226-02 90×90cm (2024)

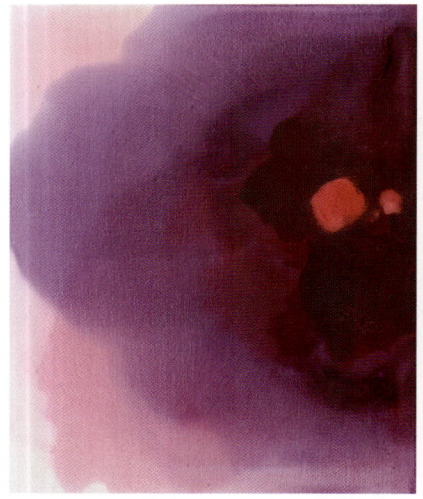
240426-01 73×91cm (2024)

240426-04 110×110cm (2024)

240426-05 91×73cm (2024)

?!

240426-08 112×145.5cm (2024)

2011 시카고아트페어 참가 당시 <시카고 타임즈> 표지 작품으로 소개

Mi-Kyoung_Kim@LeeGalerie_Berlin2013   Photo_FelixPark
리 갤러리 베를린 개인전(베를린, 2013)

누구 시리즈

문학적 초상화 프로젝트
2025년 <누구?!시리즈10>을 발간하며

궁금증이 감탄으로 변하게 하는 이야기를 담은 작은 인문학도서 <누구?!시리즈>를 기획하게 되었다. 인문학이란 사람의 이야기를 기본으로 하는데 그 삶에서 장애는 비장애인들이 경험하지 못한 특별한 이야기여서 사람들에게 감동을 준다.

특히 장애인예술은 장애예술인의 삶 속에서 녹아 나온 창작이라서 장애예술인 이야기를 책으로 만드는 <누구?!시리즈>는 꼭 필요한 작업이다. 이 책은 장애예술인의 활동을 알리는 소중한 자료가 될 것이기에 <누구?!시리즈> 100권 발간 목표를 세웠다. 의문과 감탄을 동시에 나타내는 기호 인테러뱅(interrobang)이 <누구?!시리즈>를 통해 새로운 감성으로 확산될 것으로 믿는다.

<누구?!시리즈 100>이 완간되면 한국을 빛내는 장애예술인 100인이 탄생하여 장애인예술의 진가를 인정받게 될 것이며, 100인의 장애예술인을 해외에 소개하면 한국장애인예술의 우수성이 K-컬처의 새로운 화두가 될 것이다.

_ (사)한국장애예술인협회

누구?!시리즈 41

열정과 자연의 화가 김미경
김미경 지음

초판1쇄 발행 2025년 11월 20일

지은이 김미경
펴낸이 석창우
펴낸곳 한국장애예술인협회(KDAA)
등 록 2025년 5월 7일
주 소 서울시 금천구 서부샛길 606, 대성지식산업센터 B동 2506-2호
전 화 (02)861-8848
팩 스 (02)861-8849
홈주소 www.emiji.net
이메일 klah1990@daum.net

값 12,000원

ISBN 979-11-993059-2-2 03810

주최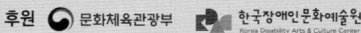

후원 문화체육관광부 한국장애인문화예술원

누구? 시리즈 41

열정과 자연의 화가 김미경

김미경 지음

빛과 물질의 세계 너머로 나아가기 위하여

인생의 어느 길목이든 맹렬히 살아 냈지만,
또 순간순간이 아름답고 벅찬 감동이었다는 걸 부정할 수 없다.
오늘도, 내일도 나는 캔버스에 원색으로 빛나는
자연의 교향곡을 멋지게 연주하련다.

도서출판 **KDAA**

여는 글

자연의 교향곡을 화폭에 담다
'Symphony of the Spirit'

　색채의 마술사, 강렬한 원색의 조화, 꽃의 화가, 용광로와 닮은 화가.
　김미경이라는 사람의 이름 앞에 붙는 갖가지 수식어다. 하얀 캔버스를 마주할 때마다 자연이 드러낼 수 있는 최고의 색감을 탐닉해 왔다. 그만큼 내게 자연은 원천이자 고향이었고 예술의 고갱이었다.
　포근하고 따사로운 햇살 아래 이슬을 머금고 피어난 여리여리한 풀과 꽃도 있고, 뜨거운 태양과 거칠고 사나운 비바람에 꿋꿋한 나무와 엉겅퀴도 있다. 어떠한 환경에서도 자연은 잉태한 씨앗을 발아하고 사계절의 흐름에 자생력을 갖고 생명을 이어 간다. 그것이 거스를 수 없는 자연의 이치이자 순리이다. 인간은, 혹은 삶은 그런 자연을 여지없이 닮아 있다. 어느 인생인들 옹이 없이 순탄하고 평온하기만 하랴. 이름 모를 들꽃 한 떨기, 아무렇게나 자란 풀 한 포기도 거저 피어나지 않는 것처럼.

내 그림의 화두인 자연과 삶을 관찰하는 여정에서 인간의 생로병사가 겹쳐졌다. 꽃과 자연에서 나는 인생을 통찰하는 힘을 기른다. 섬세한 꽃을 확대경으로 들여다보는 듯한 기법이야말로 인생을 배우는 과정이고 깨달음의 순간들이다.
　고사리 같은 손으로 붓을 잡고 하얀 도화지에 색감을 덧입히며 희열이 느껴졌던 첫 경험이 내게는 숙명이었다. 그림은 내 인생 자체가 되었으니까.
　이젤 위에 캔버스를 올리거나 벽에 기대었던 캔버스를 바닥에 눕히는 작업으로 바뀌는 동안 나의 예술혼은 끊임없이 진화해 왔다.
　꽃과 자연 안에 내밀하게 감추어진 찬란하고 아름다운 색은 여러 악기가 한데 어우러진 연주 무대와 다르지 않다. 그것을 찾고자 하는 내 열정이 보태어져 하나의 멋진 교향악으로 울려 퍼진다.
　인생의 어느 길목이든 맹렬히 살아 냈지만, 또 순간순간이 아름답고 벅찬 감동이었다는 걸 부정할 수 없다. 오늘도, 내일도 나는 캔버스에 원색으로 빛나는 자연의 교향곡을 멋지게 연주하련다.

2025 꽃이 만개하는 봄날에
김미경

차례

여는 글 자연의 교향곡을 화폭에 담다   12

자연이 벗이 되다   17
조부모님의 사랑 안에   24
정든 외가를 떠나 서울로   31
엄마의 스파르타 교육에 강해지다   39
사춘기를 무사히 건너다   48
속도가 좀 느려서 그렇지 할 건 다 한다   52
미대생인 줄 알았던 경영학도   59
나는 도대체 너한테 뭐였니?   67

교수님은 한국말 잘 하실 수 있나요?	73
고되고 힘들지만 보람찼던 유학 생활	80
세상에서 가장 소중한 나의 딸	84
치열한 나의 일상들	90
한국을 넘어 세계로	97
캔버스에 영혼과 몸을 갈아 넣다	107
최고가 되기보다 최선을 다하자!	117

Art-M 개인전(2020)

자연이 벗이 되다

1961년생인 나는 7남매의 둘째 딸로 태어났다. 생후 6개월, 우리나라로 한 살일 때 열병으로 오는 소아마비를 앓았다. 주사 한 방으로 열이 내렸지만 하반신 마비가 왔고 그 후유증으로 걷지 못하는 장애를 입었다. 지금 시절은 아기의 예방접종 시기를 칼같이 지키지만, 그 당시만 해도 예방접종을 넘기는 일이 비일비재했다.

소아마비에 걸렸을 때가 너무 어렸을 적의 일이라 나로서는 기억나는 게 하나도 없다. 미루어 짐작하건대 부모님한테는 청천벽력 같은 일이었을 것이다. 하지만 부모님은 내 앞에서 그때 당신들의 가슴이 무너졌던 일을 굳이 말씀하지 않으셨다. 그 일로 내가 행여나 마음이 연약해질까 봐 일부러 그러신 게 아니었을까 싶다. 나를 생각하는 부모님의 깊은 뜻을 나이 먹으면서 차츰 깨닫게 되었다.

내 아래로 동생들이 하나둘씩 태어나자 엄마는 힘이 드셨던 모양이다. 몸이 불편한 딸이 편안하게 지내길 바라는 마음에 엄마는 목장을 하시는 영주 외가댁에 나를 맡기시고 서울로 올라가셨던 거다.

그런 까닭에 나의 어린 시절은 경상북도 영주 외가와 맞닿아 있다.

살짝 오르막 위치에 있었던 외갓집 집터 마당엔 높다란 나무가 있었다. 대여섯 살밖에 안 된 나는 몸이 불편했음에도 불구하고 그 나무에 곧잘 오르곤 했다. 나무에 오르면 이웃집 마당의 돼지우리도 훤히 내려다보였다.

어느 날이었다. 그날도 나는 어김없이 나무를 올라탔다. 그런데 아차, 하는 순간이었다. 나무에서 발을 헛디디는 바람에 그대로 굴러떨어지고 말았다. 원숭이도 나무에서 떨어진다고 했던가. 내가 그런 셈이었다. 하필이면 내가 떨어진 데가 이웃집 마당의 돼지가 득실거리는 우리였다.

아무것도 기억이 나지 않는 걸 보면 떨어지는 순간에 내가 정신을 잃었던 모양이다. 돼지의 오물에 옷이 더럽혀지는 것쯤은 문제가 아니었다. 여차하다간 돼지들의 발아래 밟힐지 모르는 위험한 상황이었을 것이다. 어른들이 재빨리 알아차리고 돼지우리에서 나를 구한 건 천만다행이었다.

형제가 많았던 엄마는 외가에서 맏딸이셨던 터에 외갓집은 대가족이었다. 평소에도 나무에 오르면 질색을 했는데 돼지우리에까지 빠졌으니 외조부모님과 이모와 외삼촌들이 얼마나 가슴을 쓸어내리셨을지 짐작하고도 남았다. 하도 빨빨거리고 돌아다녔던 터라 나는 평상시에도 잘 넘어지고 다쳤다. 체구는 작았고 여리여리했지만, 장난꾸러기 사내아이처럼 거칠고 활달했다.

 목장을 하시는 외갓집이 나한테는 드넓은 놀이터였다. 대문 밖만 나서면 자연이 두 팔을 벌리고 나를 맞아 주었다. 봄에는 산과 들에 빨갛고 노란 꽃들이 흐드러지게 피었고, 여름이면 연두와 초록빛 나무들로 울울창창했다. 가을이면 울긋불긋한 단풍이 마을을 병풍처럼 둘렀고, 겨울이면 하얀 눈이 시루떡처럼 쌓였다. 한낮의 파란 하늘에는 뭉게구름이 두둥실 떠다녔고 깜깜한 밤하늘은 별들의 잔치였다. 물고기가 하늘거리는 냇가에선 발을 첨벙거리고 놀았고 온갖 곤충들과 풀들은 무궁무진한 장난감이었고 놀거리였다.

 "걷는 것도 힘든 애가 참말로 천방지축이다. 미경아, 제발 조심해라. 돼지우리에 빠진 날도 이 할미가 가슴을 쓸어내렸잖니?"

 "미경아, 옆집 돼지가 너보고 친구 하자고 안 하든? 그날 돼지우리에서 돼지들이랑 꿀꿀거렸잖니."

 외할머니께서 걱정스레 한 말씀 하시면 그 뒤를 이어 이모와 외삼촌들이 나를 놀려 댔고 나는 입을 삐죽거리면서 이모와 외삼촌을 째려 보곤 했다.

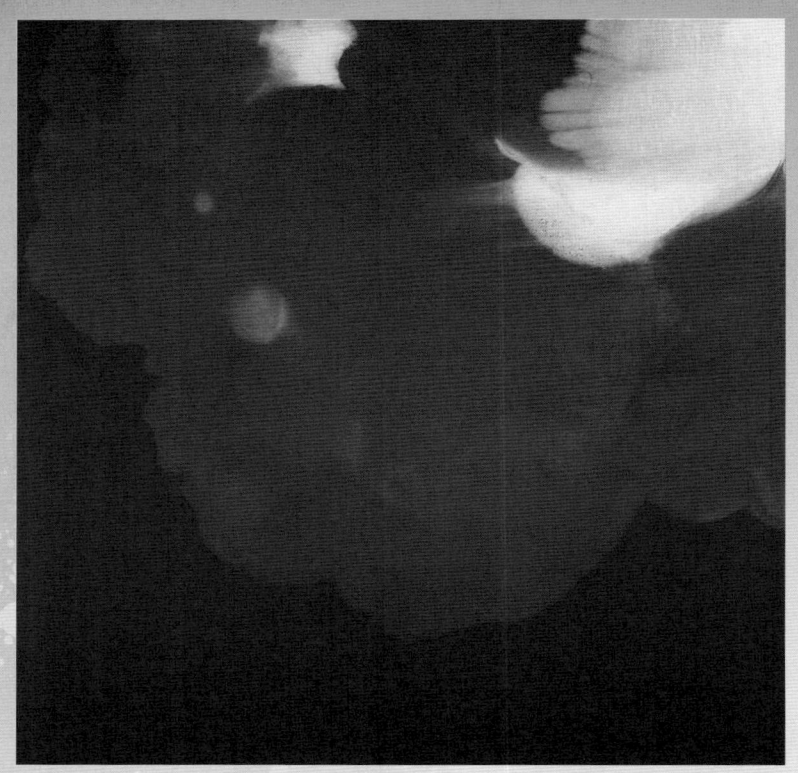

200314-03 90×90cm (2020)

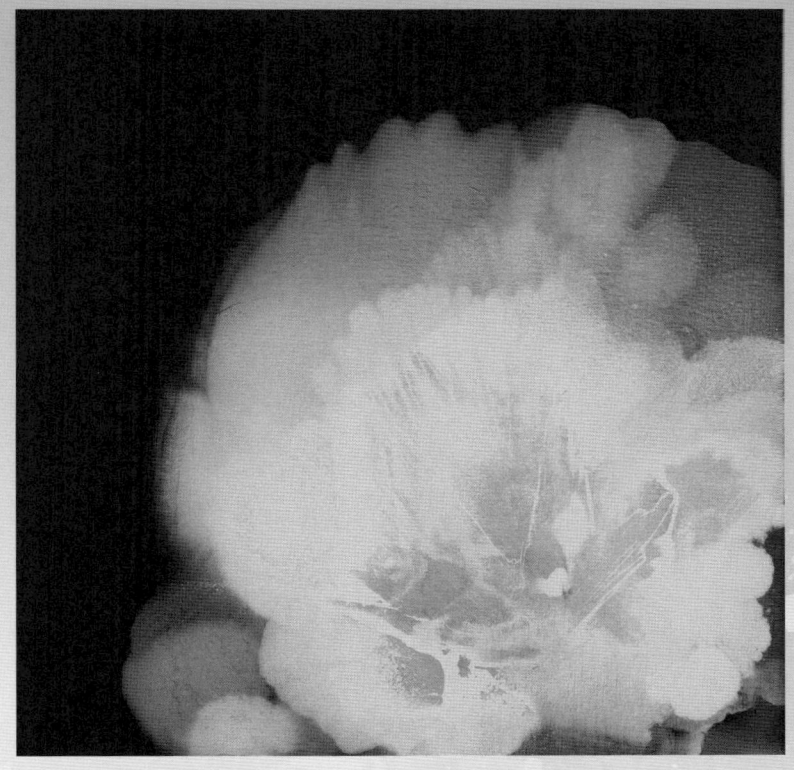

200314-10 90×90cm (2020)

외할머니는 엄마 못지않은 지극정성으로 손녀딸인 나를 보살피셨다. 영양가가 풍부한 음식과 몸에 좋다는 약을 열심히 구해서 먹여 주셨던 기억이 났다. 그 덕분으로 처음에는 양쪽 다리를 다 쓰지 못했는데 차츰 왼쪽 다리에 힘이 붙게 되었다. 지성이면 감천이라는 말이 있다. 아예 걷지 못하던 나는 오른쪽 다리에만 보조기 브레이스를 착용하고 걸어 다니는 데는 큰 지장이 없었다. 한쪽 다리가 짧았던 탓에 심하게 절뚝거리면서도 집안에 갇혀 있기보다 극성스러울 만큼 밖으로 돌아다녔으니까. 도시에서 자랐다면 엄두도 내지 못했을 것이다. 나무, 꽃, 새 등이 온통 나의 친구인 동시에 다리의 힘을 기르게 하는 원동력이 되어 주었던 게 아닐까 싶다.

"아이고! 미경아, 니 또 나무에 올라갔냐? 미경이 니가 잔나비냐? 빨리 내려와라! 이 할미가 니 때문에 아주 지레 죽겠다. 조심, 조심해서 내려와야 한다."

외할머니가 잠깐이라도 한눈을 파시면 나는 어느 결에 잽싸게 나무에 타고 있었다. 할머니 말씀대로 나무 타기를 좋아하는 걸 보면 나는 전생에 잔나비였나 보다. 나무 위에 올라앉아 까딱거리는 나를 보면 할머니는 가슴을 쓸어내리며 성화셨다.

"할머니! 나무 위에 있으면 세상이 다 내려다보여! 우와 신나네.

나무 꼭대기는 바람도 다르고 공기도 다르다."

  나는 신바람이 나서 깔깔거렸지만, 외할머니는 애간장을 태우셨다. 외할머니가 돌아가시고 나니 외갓집에서 보냈던 그 시절이 더욱 그리워진다. 어린 시절 체험했던 외가의 자연환경과 목장 생활은 내가 훗날 화가로 성장하는데 크나큰 자양분이 되었다는 생각이 든다.

  넉넉한 자연이 친구를 해 준 덕분이었을까? 나는 또래 친구들과 놀기보다는 혼자 노는 것에 익숙했다. 멀쩡한 두 다리로 뛰어다니는 아이들에 비해 불편한 다리가 나의 신체적 핸디캡인지조차 인식하지 못했지만 그래도 나는 아이들과 섞여 놀지는 않았다. 아이들과의 관계보다는 자연 속에서 화가가 될 자질과 양분을 서서히 빨아들이고 있었던 건 아니었을까 싶은 생각이 든다. 그때 보고 느꼈던 자연이 그림 작업에서 여실히 드러나는 걸 보면 어린 시절의 경험을 무시할 수 없는 일이다.

조부모님의 사랑 안에

"절뚝발이는 15센티미터~~ 자로 재면 20센티미터~~"

대여섯 살 철부지 동네 아이들이 합창하듯 노래를 불렀다. 나의 짧은 다리와 걸음걸이를 놀리는 거였다. 워낙 성격이 활달하고 거침이 없던 나는 아이들이 그런 노래를 부르기 전까지 내 걸음걸이가 또래와 다르다거나 불편하다는 생각을 조금도 하지 않았다. 그런데도 그 노래의 음률이 지금도 내 입안에서 뱅글거리는 걸 보면 어린 마음에도 머릿속에 깊이 남아 있긴 했나 보다. 그렇긴 해도 나는 성격상 상처를 잘 받지 않는 아이였다. 아이들이 그렇게 놀리면 놀리는 대로 받아들였고 나를 자기네들 놀이에 끼워 주지 않으면 않는 대로 혼자 자연을 동무 삼아 잘 놀았다.

"야, 이놈들아! 어디서 그런 못된 말을 배웠냐? 미경일 한 번만 더 놀리면 이 할미가 아주 혼찌검을 내줄 테다!"

?

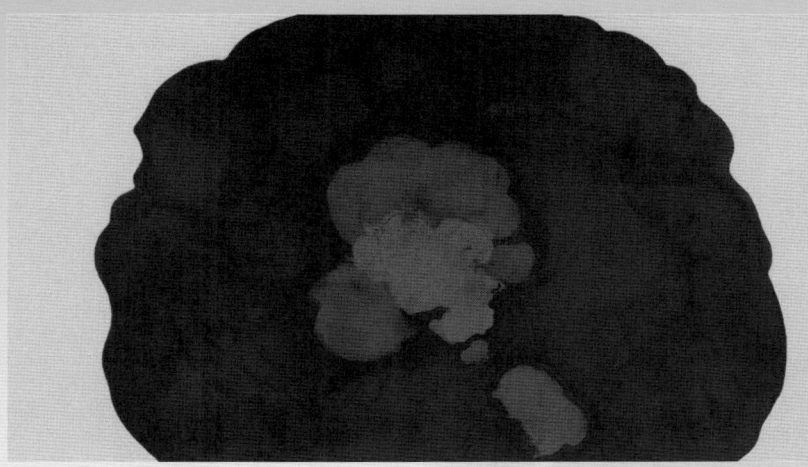

200401-01 140×70cm (2020)

200401-03 162×130cm (2020)

나는 무심했지만, 외할머니는 그런 꼴을 보시지 못했다. 어느 틈엔가 나타나셔서 내 뒤를 따르면서 놀리는 아이들에게 호통을 치셨다. 외할머니는 겉으로는 묵직하시고 엄격하셨지만, 속정이 깊으신 분이었다. 외조부모님의 보호도 있었고 외가의 외삼촌과 이모들에게 둘러싸여 있었던 덕분인지 또래들도 몇 번 나를 놀리다가 멈추었다. 그렇게 든든한 백그라운드 덕분인지, 타고난 성격 탓인지 나는 움츠러들거나 주눅이 드는 아이가 아니었다. 철부지였던 나는 그럴 수 있었지만, 외갓집 식구들은 불편한 나를 낫게 하고 싶은 마음이 간절하셨을 것이다. 앞에서도 언급했듯이 외조부모님은 다리가 불편한 나를 위해 온갖 노력을 다하셨으니까 말이다.

외가의 조부모님이 하셨던 여러 가지 노력 중에 뚜렷하게 기억에 남는 일화가 두 가지 있다.

목장을 하시던 외할아버지가 사냥을 즐기셨던 터에 짐승을 곧잘 잡아 오셨다. 함께 사냥하는 친구분들이 갖가지 민간요법 정보를 주고받으셨던 게 아닌가 싶다. 친구분들 말씀 중에 두더지(기억이 정확하지는 않다)를 삶아서 갖가지 한약재를 넣어 달인 물을 마시면 다리가 멀쩡해진다는 말을 들으셨던 모양이다. 외할아버지는 산에서 어렵게 두더지를 잡아 오셨다. 지금 같으면 기겁을 할 일이었지만 그 시절에는 어른들 사이에서 그러한 여러 민간요법이 병을 낫게 한다는 말을 믿었고 또 그대로 하시는 분들도 많았다.

외할머니도 두더지를 삶는 게 쉽지 않으셨을 텐데도 꺼리는 기색 한 번 하지 않고 손수 그걸 다 만지셨다. 집안에 코를 들 수 없을 만큼의 지독한 노린내와 한약 냄새가 진동했다. 이모와 외삼촌들도 조카인 내 다리가 낫기만 한다면 어떤 불편함도 감수했던 걸 보면 내가 외가의 사랑을 완전히 독차지했던 게 분명하다.

"미경아, 숨 쉬지 말고 한꺼번에 들이켜라. 한약을 많이 넣고 끓여서 냄새가 많이 가셨을 거다. 괜찮지?"

할머니는 하얀 약사발에 담긴 정체불명의 시커먼 약을 내 앞에 내밀었다. 할머니는 냄새가 많이 가셨다고 했지만, 노린내가 코끝을 스쳤고 머릿속으로 두더지가 생각나자 속에서 구역질이 치밀어 올랐다.

"할머니, 약이 너무 뜨거워. 조금 식으면 마실게."
"그래, 오냐. 내 새끼! 알겠다. 여기다 놔둘 테니까 한 방울도 남기지 않고 다 마셔야 한다."

할머니가 나가신 틈을 타서 나는 그 약을 할아버지의 놋재떨이에 냉큼 쏟아 버리고 말았다. 어린 마음에 엉겁결에 일을 저질렀지만, 겁이 덜컥 났다. 빈 약그릇은 옷장에 숨겨 놓고 탄로가 날지 몰라 바들바들 떨었던 일도 마치 흑백 사진의 한 컷처럼 추억으로 남겨져 있다.

두 번째 일화는 이모들이 나를 놓고 샘을 냈던 일이었다. 목장을 하던 외가에서 젖소에서 젖을 짜는 일은 일상이었다. 바로 짜낸 우유의 불순물을 없애기 위해 살균 작업을 거쳐야 했다. 그때 하얀 우유 위로 올라오는 지방 덩어리가 있다. 잘 모르긴 해도 그게 영양분이 많다고 여겼던 모양이다. 할머니는 그걸 걷어 내서 나에게 먹이시곤 했다. 세상에서 좋다고 알려진 맛있는 건 당신 자손인 이모와 외삼촌을 제치고 나부터 챙기셨다.

"어머니는 우리는 안중에도 없다니까. 그저 미경이, 미경이. 미경이가 으뜸이지. 맛있는 것도 다 미경이만 주고."

이모들의 볼멘소리에도 외할머니는 들은 척도 하지 않고 나만 위하셨다. 지금도 이모들은 말씀을 나누실 때마다 그 시절을 추억하곤 하신다.

외가에서도 엄마가 맏따님이셨고 친가로도 아빠(내 나이에는 흔히 '아버지'라고 부르는 사람이 많았지만 나는 지금까지 부친을 아빠라고 부른다)가 큰아드님이셨던 터에 나는 양가 어른들의 사랑은 더할 수 없이 흠뻑 받은 셈이었다. 그렇다고 부모님의 사랑이 부족했던 것도 아니었다.

집안 사정상 나를 외가에 맡겨 놓긴 했지만, 아빠는 무척 나를 자애하셨다. 서울에서 공무원으로 재직하셨던 아빠는 일부러 대구 출장을 자청하시면서까지 영주 처가에 들러 일부러 나를 보러 오시는 일이 많았다. 아빠가 오신 날은 나도 뛸 듯이 좋아했고 아빠에게서 한시도 떨어지기가 싫었다.

"미경이 니가 얼마나 울며불며 아빠 바짓가랑이를 놓지 않았는지 기억나냐? 하긴 우리 집에서 잘 지내긴 했어도 어린 네가 엄마 아빠 떨어져서 있었으니 엄마 아빠 정이 그리울 만도 하지."

이모들은 가끔 그때 일을 나에게 들려주시곤 한다. 이모들 말대로 나는 너무 어렸을 적이라 기억은 나지 않았다.

"이모, 내가 그렇게 아빠를 못 가시게 했어요?"
"그럼, 말이라고. 니가 아빠를 하도 붙들고 매달리니까 형부가 맘이 영 안 좋으셔서 미경이 니가 잘 때까지 기다리느라고 차 시간을 놓칠 때도 많았단다."

울며불며 붙드는 딸자식이 얼마나 애처로웠겠는가. 그걸 떼어 놓고 떠나야 하는 아빠의 마음은 또 얼마나 절절했겠는가. 내가 자식을 낳아 보니 아빠의 마음을 십분지 일만큼은 알 듯도 하다. 부모 마음을 제대로 알 때는 이미 늦은 걸까? 인생의 깨달음은 늘 반 박자씩 늦게 찾아오기 마련인가 보다.

정든 외가를 떠나 서울로

　애틋하고 아련한 추억이 겹겹이 쌓여 있는 영주 생활은 여섯 살로 끝이 났다. 초등학교(그때는 국민학교였다)에 입학을 하기 위해 나는 서울 부모님 집으로 올라와야 했으니까.

　내 밑으로 여동생이 네 명이었고 막내로 남동생이 태어났다. 아빠가 장남이셨던 터에 친가에서는 대를 이을 아들을 원하셨기 때문에 딸들이 늘어날 수밖에 없었다. 일곱 형제가 아옹다옹하며 다투기도 했지만, 우애는 좋은 편이었다. 여형제가 많아서 예쁜 옷을 가지고 싸우기도 했고, 아침나절에 한 상자였던 과일이 저녁에는 동이 나서 제 몫을 챙겨 먹지 못할 때도 있었다. 지금 생각해 보면 사소한 일상 하나하나가 스냅 사진의 한순간처럼 추억으로 남겨져 있다.

　나는 어느새 언니와 누나가 되어 있었다. 어릴 적 동생들을 데리고 종이에 그림을 그리거나 인형을 그려서 놀아 주기도 했다. 지금도 동생들이 나를 추억하는 말이 있다. 그때 내가 그려 준 종이 인형이 제법 그럴싸해서 실감 나게 인형 놀이를 할 수 있었다고 한다. 아마도 그때 이미 내 안에는 그림에 관한 재능이 조금씩 싹이 텄던 게 아닐까 생각해 본다.

　내가 둘째라서 위로 언니가 한 명 있었는데, 언니는 피아노학원엘 다녔다. 언니를 따라 나도 바이엘을 옆에 끼고 피아노를 배우러 다녔다. 언니는 피아노를 곧잘 따라 하는 모양이었는데, 나는 재미가 하나도 없었다. 피아노 앞에만 앉아 있는 시간이 지루하기 짝이 없었다.
　피아노 선생님이 연습하라고 하신 30분 시간이 주리를 틀 듯 지겹기만 했다. 피아노 위에 올려 있던 시계를 쳐다보다가 잔꾀를 떠올렸다. 선생님 모르게 시계의 분침을 5분 빨리 돌려놓았다. 지금 생각해 보면 여간 꾀돌이가 아니었던 모양이다. 30분 연습 시간이 25분으로 단축되었고 그 맛에 재미를 들였다. 다음에는 20분으로 연습 시간을 줄였고, 또 15분으로 단축해서 피아노 연습을 했다.
　처음에는 깜빡 속으셨던 선생님도 시간이 너무 줄어드니까 눈치를 채셨다. 내가 아무리 뛰어 봤자 어른 손바닥에서 벗어날 수 없는 아이에 불과했다. 피아노 선생님이 엄마와 상담하시면서 나의 얕은꾀를 말씀하셨던 모양이다. 집으로 돌아온 엄마가 나를 부르셨다.

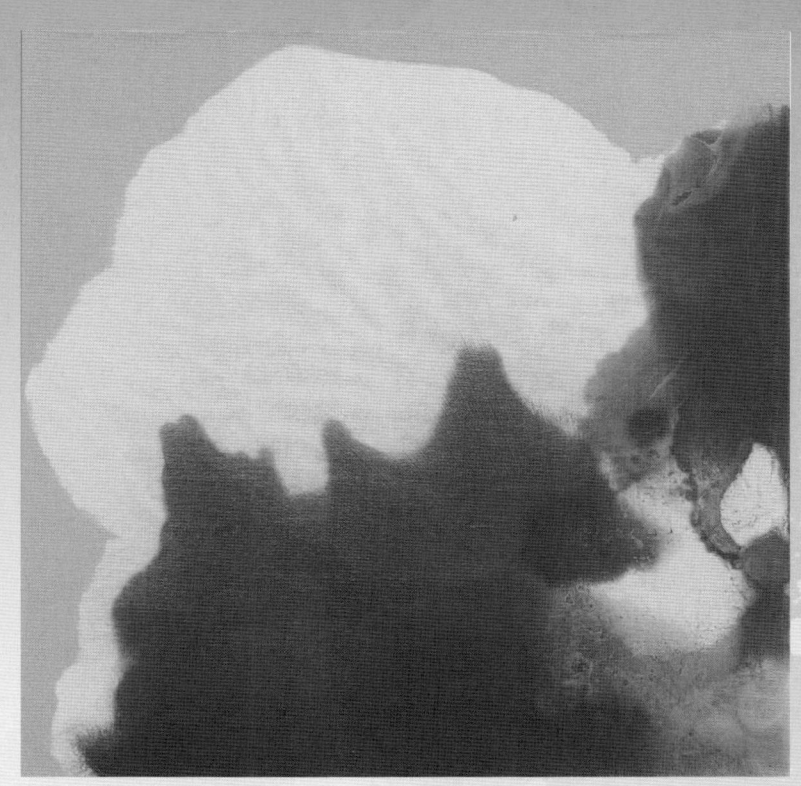

200401-07 50×50cm (2020)

"미경아, 분침을 빠르게 할 만큼으로 그렇게 피아노 치기가 싫었던 거니?"

엄마는 나를 붙들어 앉히고는 단도직입적으로 물었다. 화를 내거나 혼내는 표정이 아니었다.

"으응, 엄마 정말 잘못했어. 근데 난 피아노가 진짜 재미없고 따분하기만 해."

나는 지금이나 그때나 거짓말에는 젬병이었다. 솔직하게 내 마음을 말해 버렸다. 혹시라도 또 날아올 엄마의 호통이 겁은 났지만 말이다.

"그럼, 뭐를 하고 싶니?"

엄마는 자식들 교육에 엄격한 분이셨지만 결단이 빠르고 현명하신 분이셨다. 평양감사도 자기가 싫으면 그만이라는 말이 있다. 엄마는 자식이 싫다는 걸 강요해서 시키는 분은 아니셨다.

"나, 그림 그려 볼래."

평소에 동생들에게 그림을 그려 주면 좋아했던 생각이 나서 냉큼 말했다. 흥미도 없는 피아노 건반을 뚱땅거리는 것보다야 도화지에 갖가지 색깔의 크레용이나 물감으로 그림을 그리는 게 훨씬 더 재미있을 거 같았다.

아빠는 평생 공직에 계셨던 분이셨다. 음악적 재능이 출중해서 학창 시절에 그쪽으로 나가고 싶었지만, 그 시절에 음악을 한다는 건 딴따라 아니면 밥 굶기 좋은 직업이었다. 집안의 반대에 순종해서 법학을 공부하셨다고 들었다. 그런 아빠의 뜻을 받들어서일까? 엄마는 자식들에게 예체능 교육 하나씩은 꼭 시키셨다.

예체능 교육뿐 아니라 두 분 모두 자식 교육에는 열과 성의를 다하시는 분이었다. 아빠의 월급으로 가정을 꾸리기에 부족하진 않았지만 무려 자식이 일곱 명이었다. 일곱 명의 자식을 남부럽지 않게 먹이고 입히기에는 경제적으로 힘들 때가 있었다. 그러나 부모님은 다른 데는 허리띠를 졸라맬지언정 자식 교육에만은 돈을 아끼시지 않는 분들이었다. 그 덕분으로 그 시절에는 호사일 수 있는 예체능 교육도 받을 수 있었던 게 아닐까 싶다.

피아노학원 대신 다니게 된 미술학원은 나에게 신세계였다. 초등학교 5학년 때의 일이었다. 정물화와 풍경화를 넘어 데생에서부터 크로키와 같은 미술 수업은 하나같이 흥미롭고 내 마음을 들뜨게 했다. 피아노학원 다닐 때는 그렇게 지겨웠는데 미술학원에 가는 일이 매일같이 신나고 재미있었다.

도화지에 표현되는 나만의 세계에 나는 흠뻑 빠져들었다. 완성

된 그림을 본 선생님은 칭찬을 아끼지 않았다. 나조차 몰랐던 재능이 부지불식간에 드러난 걸까. 피아노를 배우러 다녔을 때와 다른 느낌이었다. 피아노 건반을 두드릴 때는 주리를 틀고 하기 싫었던 음악 공부였다. 그런데 미술을 배우러 다닐 때는 한 번도 싫증이 나거나 힘들다는 느낌이 없었다. 학교에 있는 동안에도 미술학원에 갈 생각만 하면 기분이 좋아졌다.

사랑과 재채기와 송곳은 숨길 수 없다는 말이 있다. 그 말에 빗대어 자신이 가진 재능도 부지불식간에 불쑥 튀어나오기 마련인가 보다. 나는 학교의 사생대회에서 상을 탔을 뿐 아니라 한국일보 어린이 미술 그림 대회와 같은 대외적인 상을 받기도 했다. 나는 어느새 학교에서나 학원에서나 그림 잘 그리는 아이로 통했다.

200401-08 130×162cm (2020)

?

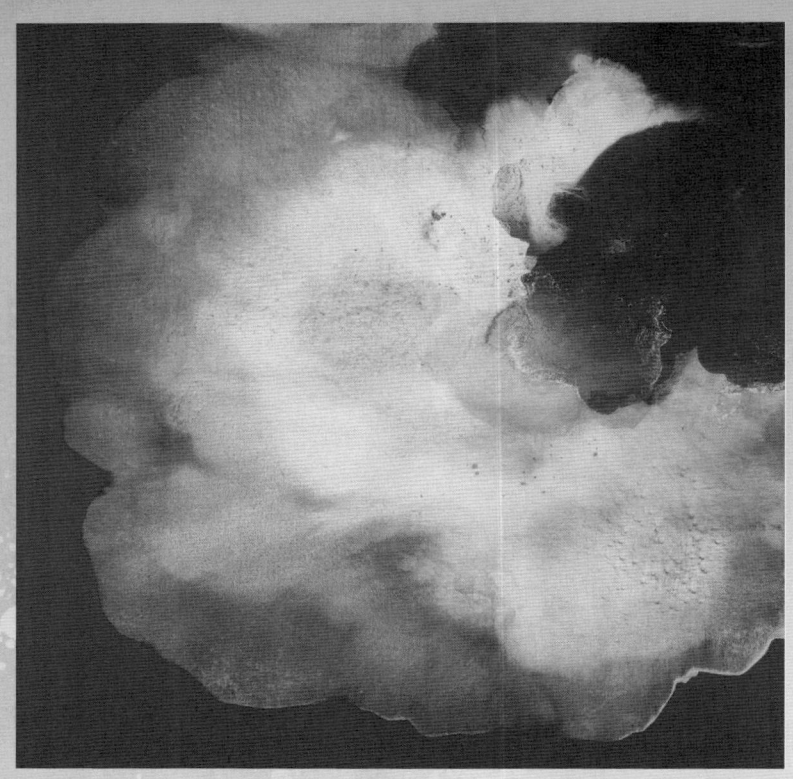

201118-03 90×90cm (2020)

누구 시리즈 41

엄마의 스파르타 교육에 강해지다

"어머님, 제가 보건대 미경이는 그림 쪽으로 특별한 재능이 있어요."

나의 재능을 알아보신 학원 선생님이 엄마에게 솔직하게 말씀을 해 주셨다. 그때도 예체능 대학에 가려면 경제적인 뒷받침이 필요했던 시절이었다.

"미경이가 아직 어린데, 그림을 좀 잘 그려서 상을 받았다고 그걸 특별한 재능이라고 할 수 있을까요?"

엄마는 엄격하신 만큼 자식의 칭찬에도 인색한 분이셨다.

"어머님은, 참! 그게 바로 특별한 재능인 거죠. 지금부터 미경이의 재능을 키워 주시는 게 어떨까 싶은데요?"

"그 말씀은 우리 미경이가 미술을 전공해도 된다는 말씀인가요?"
"그럼요. 미술대학에서 계속 공부한다면 화가가 될 가능성이 아주 많은 아이입니다."

엄마가 고민하자 선생님은 예원중학교를 추천해 주셨다. 선생님의 말씀이 아니더라도 나는 그때부터 화가가 되고 싶다는 꿈을 꾸었고 그 이후로 한 번도 그 꿈에서 벗어난 적이 없었다. 그만큼 나는 그림이 좋았고 화가가 나의 천직이라는 생각에는 한 치의 의심도 없었다. 자식 교육열로 둘째가라면 서러워하실 분들이 부모님이었던 터라 나는 예원중학교에 입학할 수 있었다.

예나 지금이나 예술은 경제와 밥의 문제를 해결할 수 있다고 장담하기 어려운 분야이다. 더욱이 장애인 딸이 선택한 예술가의 길은 꽃길일 수만은 없었다.

그러나 아빠는 의식이 앞선 분이었다. 무작정 열심히 하는 공부는 평범할 수 있지만, 음악과 미술 등의 예술이야말로 재능이 없으면 아무나 도전할 수 없는 전문적인 분야였다. 아빠는 그런 관점에서 판단하셨던 거였다. 나의 예술적 재능을 일찍이 알아보시고 뒷받침해 주시는데 경제적 지원을 아끼지 않으셨다. 아빠 당신도 학창 시절에 음악을 전공하고 싶었던 분이셨다. 그런 이유로 어릴 적부터 언니와 나를 피아노학원에 보내신 게 아니었나 싶다.

집안의 반대로 법학을 전공하시고 평생 공직 생활을 하셨기에 딸의 예술적 재능과 선택을 존중해 주신 걸지도 모른다.

예술적 감각과 더불어 자상하신 아빠와 달리 엄마는 추진력이 강하고 엄격한 분이셨다. 말이 쉽지 자그마치 일곱 남매를 먹이고 입히고 치다꺼리하는 일은 작은 학원의 원생들을 관리하는 것과 진배없었다. 엄마가 중심을 잡지 않으면 난장판이 되는 건 삽시간일 터였다. 엄마는 자식들을 훈육하는데 기숙사 사감 선생을 방불케 할 만큼 철두철미한 분이셨다.

형제가 여럿이라서 엄마가 감당하실 집안일이 많기도 했지만, 우리 형제는 어렸을 때부터 각자 할 일을 타인에게 미루지 않았다. 엄마는 우리 7남매를 마치 스파르타 군대식으로 훈육하셨다. 아침에도 각자 자기 방의 침구 정리와 청소는 깔끔히 해 놓고 등교하는 게 일상이었다. 몸이 불편했지만 나도 절대 예외일 수 없었다. 그때 들인 습관 덕분에 지금도 나는 집안일에는 나름 능숙한 주부임에는 자타가 인정하는 부분이다.

엄마의 엄격하신 성격이 드러나는 소소한 일화 몇 개를 소개하겠다.

초등학교 때였다. 하교하는 학교 버스를 놓치는 일이 가끔 있었다. 그런 날은 별수 없이 동생과 함께 집까지 걸어와야 했다. 동생은 자기 물건과 함께 내 가방과 소지품까지 챙겨야 했고 몸이 불편한 나와 보조를 맞춰야 했으므로 자연히 시간이 지체될 수밖에 없었다. 우리가 집에 도착할 시간이 지나자 엄마는 초조한 마음으로 기다리셨다. 집에 돌아와서 버스를 놓쳤다고 말씀드리자 엄마는 엄청나게 화를 내셨다.

"그럴 때는 택시를 탔어야지. 왜 그렇게 미련을 떨었니? 어린 동생이 네 가방까지 들고 왔으니 얼마나 힘들었겠니."
"우리가 돈이 어딨다고 택시를 타!"

동생은 울상을 지었고 내가 나서서 반박했다.

"집에 와서 엄마한테 달라고 하면 되잖아. 그렇게 요량이 없어서 어떡할래."

엄마는 혀를 찼다. 엄마 말이 맞는 것도 같았다. 그래도 속상한 게 풀리지는 않았다. 또 다음에 학교 버스를 놓치게 되었다. 나와 동생은 엄마에게 혼났던 생각이 나서 택시를 타고 집으로 왔다. 대문 앞에 택시를 세워 놓고 엄마에게 택시비를 달라고 하자 엄마는 또 야단을 치셨다. 이번에는 어린애들이 겁도 없고 건방지게 어디서 택시를 불러 타고 왔냐는 것이다. 나와 동생은 기가 막혔지만, 엄마에게 대들어 볼 엄두도 내지 못했다. 엄마는 어느 순간이나 우리를 엄하게 다루시는 것에 기준을 세웠던 분이었나 보다. 물론 내 기억이 다 맞지 않을 수도 있지만 말이다.

예중에 이어 서울예술고등학교 입학했다. 그때 우리가 강남에서 살았는데 세검정에 위치한 고등학교까지 무거운 화구와 가방을 들고 버스로 등하교를 해야 했다. 나도 그걸 당연하게 생각했고 부모님도 안타까워하시는 내색조차 내지 않았다. 몸이 불편하다는 이유로 다른 형제들과 차별을 받은 적도 없지만, 티가 나게 배려를 해 주신 적도 없었다. 나도 무쇠가 아닌지라 병이 날 수밖에 없었다. 전날 밤부터 으슬으슬 추웠고 아침에는 목소리도 나오지 않을 만큼 몸 상태가 좋지 않았다.

"미경아, 해가 중천에 떴는데 안 일어날 거니? 학교 지각하겠다."

엄마가 나를 깨우는 소리가 들렸다.

"엄마, 나 너무 아픈데 오늘 하루만 결석하면 안 될까?"
"얘가 지금 무슨 소릴 하고 있어? 학교를 쉬다니? 겨우 열 좀 있다고 결석을 하는 학생이 세상에 어디 있냐. 만약 수업하다가 아프면 학교 양호실에 가서 약을 타다 먹더라도 학교는 가야지. 얼른 일어나서 준비해라."

나는 엄마 말을 어기지 못하고 엉금엉금 기다시피 학교에 가야 했다. 엄마 말대로 학교 양호실에서 약을 타다 먹고 쉬더라도 집에서는 감히 아프다는 말조차 하지 못했다. 엄마는 매정할 만큼 원칙주의자셨다.

　생각해 보면 그 당시 다른 부모님들도 대부분 그런 정신으로 자식을 훈육하셨던 게 아닌가 싶다. 졸업할 때 성적 우수상을 타기보다는 개근상에 집착할 만큼 성실함이 최우선이라고 생각했으니까. 지금 사고방식으로는 말도 안 되는 군대식 교육이었지만 그러한 부모님들의 투철한 교육방식이 오늘날의 대한민국을 만드는데 일조했다는 생각이 든다.
　비장애인이었던 다른 형제와 비교해서 누가 보더라도 나는 신체적으로 허약한 장애인이었다. 다른 장애인 중에도 몸이 건장한 분들도 있었지만, 체구도 작았던 나는 오직 깡다구 하나로 버틴 셈이었다. 그런데도 엄마는 나를 특별히 보호해 준다거나 나를 위해 다른 형제들에게 희생을 요구하지 않지 않으셨다. 혜택도 없지만 그렇다고 차별도 없었기에 누구 하나 불만을 제시할 수도 없었다. 우리 집만의 공평한 법칙이었다.
　그 당시에는 가끔 엄마한테 서운한 마음이 들기도 했다. 만약 그때 엄마가 나를 장애인이라고 특별 대우를 하거나 형제들에게 양보를 강요했다면 어땠을까? 나에게 양보를 강요당한 형제들도 속으로 불만이 쌓였을지 모른다. 나 또한 보호 속에서 성장했다면 어떤 사람이 되었을까? 온실의 연약한 화초가 되지 않았을까 싶다. 온실 속에서는 예쁜 자태를 뽐내겠지만 세상 풍파에서는 견디

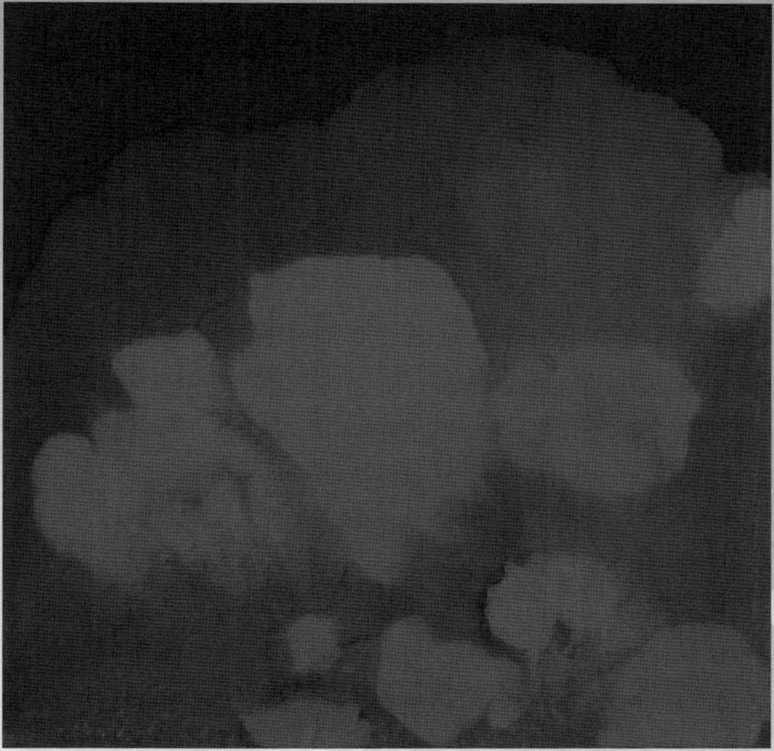

210402-01 50×50cm (2021)

지 못한 의지박약의 김미경이 되기 십상이었을 것이다.
 하지만 그때는 철이 없었던 터라 부모님의 깊은 뜻을 알지 못했던 거다.

 누군가 그랬다. 자신을 성장시킨 것의 팔 할이 열등감이라고. 나를 성장시킨 팔 할은 무엇이었을까?
 바로 엄마의 스파르타식 훈육 방침이 아니었나 싶다. 그런 엄마에 비해 아빠는 무척이나 자상하시고 유머러스하신 분이었다.
 두 분의 당근과 채찍의 훈육이 오늘날 내가 타인의 마음을 이해하는 건강한 사회의 일원이 된 게 아닐까 여겨지기도 한다.

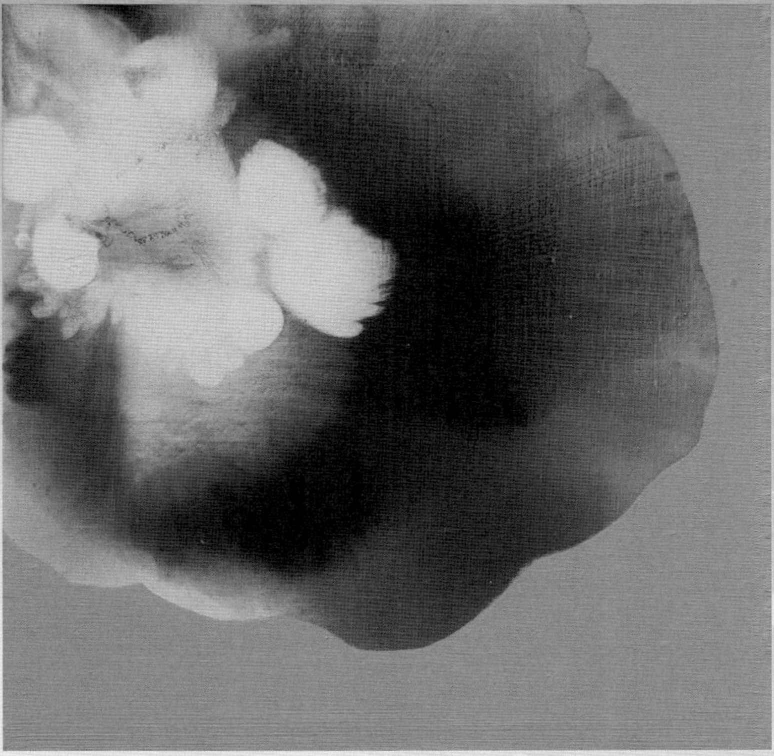

210514-03 50×50cm (2021)

사춘기를 무사히 건너다

　사람은 평생 열두 번이 변한다는 말이 있다. 육십을 훌쩍 넘겨 중반에 이르고 보니 내 성격이 한결같지만은 않았던 것 같다. 영주 외가에서의 시간과 초등학생 때는 마치 선머슴처럼 천방지축이었는데 중학생 때는 다소 소심하고 내성적이었다. 다행히 고등학교에 올라와서는 다시 활기를 찾고 외향적인 성향으로 바뀌었지만 말이다. 중학생이었던 그때 나에게도 사춘기가 찾아왔던 게 아닐까 싶다.
　예술 쪽 재능을 가진 아이들이 입학하는 특수 중학교라서 학비가 꽤 비쌌지만, 앞서도 언급했듯이 부모님은 자식들의 교육 투자에는 돈을 아끼시지 않았다. 미술이 좋아서 입학한 예중이었지만 사실 나는 친구들과 잘 섞이지 못하고 외톨이로 지낼 때가 많았다.
　10대를 보내는 여학생이 외모에 민감하지 않다면 거짓말일 것이다. 잘록하게 들어간 허리와 곧게 뻗은 다리를 자랑하는 여느

여학생과 내 겉모습은 누가 봐도 달랐고 그걸 인식하는 시기가 내게도 찾아왔다.

나 혼자 방황의 시간을 보냈다. 친구들과 거리를 두면서 나는 독서에 빠졌다. 방에 틀어박혀 있으면서 모든 종류의 책을 읽었다. 소설이나 위인전, 교양서에 이르기까지. 하다못해 세계 각국을 소개하는 여행 잡지까지 읽었다. 마치 책을 통째로 집어삼키기라도 하듯이 모든 활자를 섭렵했다. 그 시절 다양한 분야의 독서가 밑거름되어 작품 활동에 긍정적인 영향을 끼쳤다는 걸 부정할 수 없다. 참으로 인생은 아이러니하다. 부족함과 결핍을 느끼는 순간에 사람은 그것을 메꾸기 위한 행위를 맹렬히 하고 있었다는 생각이 드니까 말이다.

체육 시간이 오면 나는 교실 지킴이를 자처했어야 했다. 마음으로야 열두 번도 더 운동장을 내달리며 마음껏 활개 치고 싶었지만 불편한 몸이 따라 주지 않아 조금은 우울했다.

그렇게 체육 시간에 교실 지킴이를 하다가 곤혹한 일을 겪은 적이 있었다. 반 아이들이 체육복을 갈아입고 운동장으로 나간 시간 동안 나는 교실에 우두커니 앉아 독서에 열중했다. 체육 시간이 끝나고 아이들이 우르르 교실로 들어와서 땀내 나는 체육복을 벗고 교복으로 갈아입는데 몇몇 아이들이 웅성웅성했다.

"어, 여기 있던 내 돈이 없어졌어."
"잘 찾아봐. 있던 돈이 발이 달린 것도 아닐 테고, 갑자기 어딜

갔겠어."

돈이 없어졌다고 한 아이는 울상이었다. 학급에서 일어난 일이었으므로 담임 선생님이 알게 되었다. 체육 시간에 교실에 있던 아이는 나 혼자뿐이었다. 아이들의 눈초리가 내게로 쏠리는 게 느껴졌다. 양심에 가책받을 행동을 하지 않은 나는 당당하고 떳떳했다.

"미경아, 선생님이 너 좀 교무실에 오라고 하시는데……."

나 외에도 몇 명이 교무실로 불려갔다. 선생님도 여러 정황상 내가 결백하다는 것을 알고 계셨지만, 확인 차원에서 부르신 거였다. 어떻게 해결이 되고 마무리가 되었는지는 기억이 가물가물하다. 내가 억울하게 누명을 쓴 일은 없었던 건 분명했다. 하지만 그러저러한 일로 나는 더욱 의기소침해질 수밖에 없었다.

체육 시간에 돈이 없어진 사건 이후 나는 교실 지킴이를 하기 싫었다. 또다시 그런 일이 일어나지 말라는 법이 없을 테니까. 그래서 체육 시간이 오면 나도 반 아이들과 함께 교실 밖으로 나가 운동장에서 체육 수업을 지켜봤다. 그런 일련의 일들이 어쩌면 오히려 나를 조숙하게 만들었던 것일지도 모른다.

소심하고 우울했던 중학교 시절을 거쳐 서울예술고등학교로 진학했다. 예중과 예고를 거치면서 나는 화가의 꿈에 한 발자국씩 더 가까워지고 있었다. 중학교 시절의 사춘기에서 벗어나 고등학교에 들어가서는 내 성격이 서서히 바뀌기 시작했다. 아니 본래의 성격으로 돌아왔다는 표현이 더 정확할 것이다.

본래대로 외향적이고 활달해지자 모든 게 긍정적으로 보였고 친구들도 많아졌다. 형제와 친구들이 지금껏 나를 두고 하는 말이 있다. 매사에 대책 없이 긍정적인 사람이 김미경이라고. 내가 생각해도 나는 별로 꼬인 데가 없는 사람인 건 맞았다. 불합리한 일만 아니라면 내 상황에서 최선을 다하려는 자세는 지금도 변함이 없다.

고등학교에 다니는 동안도 그림에 관한 나의 열정은 식지 않았다. 공부는 그런대로 쫓아가는 정도였지만 교우 관계는 나무랄 데 없이 좋았다.

만약에 부모님이 나를 장애인이라는 이유로 보호했거나 형제들과 다르게 키웠다면 어땠을까? 교우 관계를 비롯한 모든 사회생활이 힘들었을 수도 있을 것이다.

하지만 나조차도 나의 장애를 인식하지 못할 정도로 똑같은 상황에서 경쟁했고 우정을 쌓았던 덕분에 친구들도 장애인이라는 선입견과 편견 없이 나를 대했던 걸지도 모른다.

속도가 좀 느려서 그렇지 할 건 다 한다

학업과 그림 실기에 매진했던 입시를 끝내고 그렇게도 소망하고 바라던 홍익대학교 서양학과에 입학했다. 내가 다니던 대학 근처에는 다른 대학들도 밀집해 있어서 예나 지금이나 홍대와 신촌은 젊은이들의 메카이자 핫플레이스였다.

그림 쪽으로 저명하신 교수님들의 실기 수업을 듣고 공부하는 것도 좋았지만, 대학 새내기로서 자유와 낭만을 만끽하는 것도 커다란 행복이었다. 나와 비슷한 재능과 포부를 가진 친구들과 어울려 대학 근처를 누비고 돌아다녔다. 오른쪽 다리에 보조기를 하고도 반바지와 짧은 치마를 즐겨 입었던 나한테 불편한 몸은 문제가 되지 않았다. 친구들도 내 장애 따위는 눈에 보이지도 않는 듯 노는 자리에 빠짐없이 불렀다.

"미경아, 오늘 수업 끝나고 디스코텍에 가기로 했는데, 너도 갈 거지?"

"난, 그런 곳에 한 번도 안 가 봤는데…….."

고등학생 때까지 미성년자 입장 불가라고 명시된 영화에 대한 궁금증을 가졌다. 금지하고 차단하면 더 궁금해지는 게 사람의 마음이었다. 그처럼 스무 살이 된 우리는 미성년자 때 감히 하지 못했던 어른들의 세계에 호기심이 마구 폭발했다. 디스코텍도 그런 것 중 하나였다.

"얘는 참! 누군 가 봤니? 안 가 봤으니까 가 보자는 거지. 대학생이 되었다는 게 뭐니? 그런 곳에 가서 신바람 나게 몸 좀 풀고 오자."
"어머, 그래? 까짓거 우리도 가서 신나게 한 번 놀아 보지, 뭐."

화끈하게 맞장구를 쳤던 만큼 나는 조금도 주저하는 마음이 없었다. 누구나 알다시피 거기는 음악에 맞춰 춤을 추는 곳이었다. 단지 몸이 조금 불편했을 뿐이지 나는 대중교통을 이용하거나 보행에는 아무런 제약을 받지 않았다. 그렇다면 춤이라고 별다르겠는가 싶은 생각이 들었다.

수업이 끝나고 친구들과 디스코텍에 우르르 몰려 들어갔다. 깜깜한 공간에는 시끄러운 음악이 가득 찼다. 천장에 매달린 둥근 미러볼이 빙글빙글 돌면서 사방으로 불빛을 내쏘았고 빠른 템포의 음악에 맞춘 청춘들은 자신의 몸을 불사르기라도 하듯 미친

듯이 춤을 췄다. 불빛에 반사된 팔과 다리와 얼굴이 기형적인 모습으로 조각조각 나뉘어서 번쩍거렸다. 지금까지 내가 경험했던 어떤 세상보다 열기와 생동감이 넘쳤다.

테이블에 기본으로 맥주와 마른안주가 놓였고 알코올로 목을 축인 친구들은 하나둘씩 스테이지로 나가서 몸을 풀기 시작했다. 술을 곧잘 마셨던 나도 어느 정도 취기가 올라왔다. 친구들이 나한테도 같이 춤을 추자고 손짓했다.

잠깐이었지만 많은 생각이 머릿속에 지나갔고 잠시 주저하는 마음이 생겼다. 내가 몸을 뒤로 빼는 이유는 한 가지였다. 스테이지에서 춤을 추는 사람들의 시선이었다. 하지만 용기를 내기로 했다. 내가 춤을 출 때 내 다리를 쳐다보는 타인의 시선을 오늘 이겨 내지 못한다면 앞으로도 나는 남의 시선 때문에 다른 일을 하지 못할 수도 있겠구나 하는 생각이 들었다. 부모님도 나를 장애인이라고 남다르게 키우시지 않았고 나 또한 장애인이라는 타이틀에 묶인 채 살지 않았는데 이까짓 춤이 뭐라고 주저앉겠는가 말이다.

나는 스테이지로 나아갔다. 서툴지만 음악에 내 몸을 맡겼다. 터질 듯한 열정이 내 안에서 뿜어지고 있었다. 그 순간 내가 장애를 가졌다는 사실을 잊을 만큼 흥겹고 신이 났다. 친구들과 더불어 소리를 꽥꽥 지르며 흥분과 열기에 휩싸였다. 어느새 스트레스가 한 방에 날아가는 기분을 만끽하고 있었다.

이후로 나는 디스코텍에 몰려가는 멤버 중 빠질 수 없는 한 명이었고 그 당시 유행하는 춤이면 춤, 댄스면 댄스에 일가견이 있었다. 그때부터 내가 친구들에게 하는 말이 있었다.

"얘들아, 내가 속도가 좀 느려서 그렇지 할 건 다 하지 않니?"
"미경이 니가 속도가 느리다고? 야, 웃기지 마! 니가 우리보다 빠를 때도 진짜 많거든."
"맞아, 맞아! 디스코텍에서 미경이 너 날아다니더라. 너야말로 에너자이저잖니."

친구들이 던진 농담에 나는 친구들보다 한술 더 떠서 분위기를 살렸다.

"우리나라 속담에도 그런 말이 있잖니. 이 없으면 잇몸으로 한다고."
"얘, 미경아. 말도 안 되는 소리 하지 마! 너는 이도 있으면서 잇몸까지 사용하는 사람 아니니?"

친구들은 내가 생각하는 나보다 항상 나를 더 추켜세웠다. 친구들 말이 백 번 맞다. 나는 이도 있고 잇몸도 있는 사람이다. 가진 게 많아서 행복한 사람이 김미경이다.

나는 생각한다. 자신 스스로가 움츠러드는 만큼 주위에서도 그

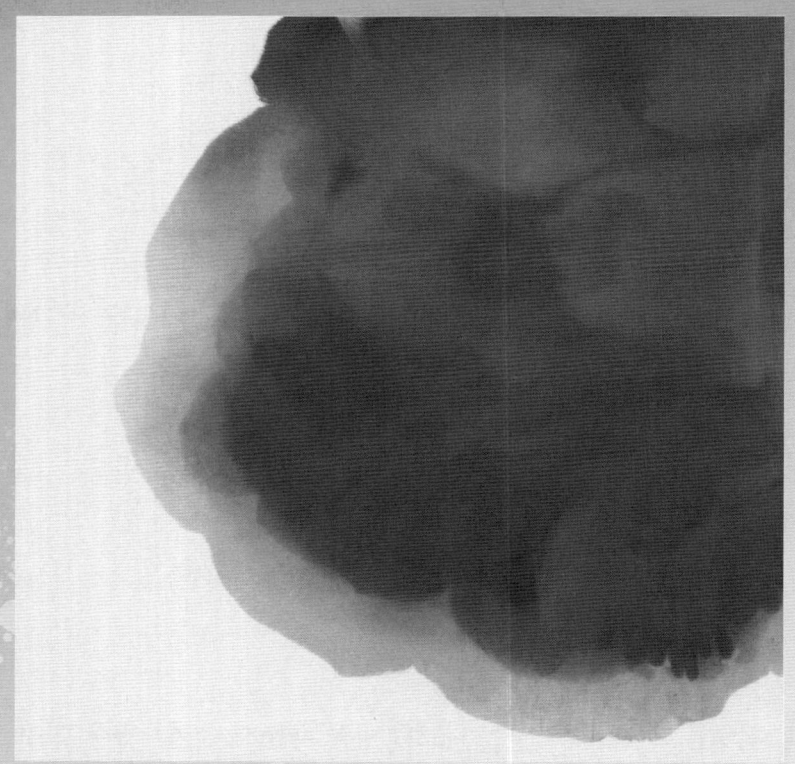

210903-01 90×90cm (2021)

누구 시리즈 41

210903-02 90×90cm (2021)

사람을 편견의 눈으로 바라본다고. 스스로 기지개를 펴고 당당해지는 순간 주위에서도 그 사람을 자기네와 동등한 위치에서 어깨동무하는 법이라고.

자신의 영역은 타인이 넓혀 주는 게 아니다. 스스로가 부지런히 도전하고 개척한 땅은 어느새 넓어져 타인과 더불어 지낼 수 있는 공간이 되는 법이다.

그래도 감사한 마음은 있다. 그때 친구들이 나한테 디스코텍에 가자고 제안했던 일이나 노는 일에 한 번도 나를 빼놓지 않았던 일들은 마음 깊이 고마움으로 남아 있다.

미대생인 줄 알았던 경영학도

　내가 대학을 다닐 때 차와 음식을 팔아서 이익을 남기는 '일일 찻집'이 유행했다. 그곳에서 타학생들과 교류도 나누었고 남녀 대학생의 미팅이 이루어지기도 했다. 현재 내 나이가 육십 중반이고 손주를 세 명이나 둔 할머니이지만 그 시절의 대학생이나 지금 MZ세대나 대학생이 되었을 때의 낭만은 비슷한 거 같다.

　고등학교 동창이 일일 찻집을 한다고 해서 나와 친구도 찻집을 가게 되었다. 친구가 두 사람의 남자 대학생을 데리고 왔다. 자연스럽게 즉석에서 네 사람의 미팅이 주선되었다. 이야기를 나누다 보니 상대 남학생 두 사람이 우리와 학교가 같다는 걸 알게 되었다. 앉아 있는 자리에서 맞은편 상대를 파트너로 정해진 채 그날 재미있게 놀았다.
　두 번째 만남을 갖게 되었는데 처음 만난 날 대각선에 앉아 있던 남학생이 내 앞자리에 앉는 게 아닌가. 그 남학생이 친구에게 내가 마음에 든다고 하면서 파트너를 바꿔 줄 수 있냐고 했던 거다. 물론 나는 나중에 알게 된 사실이지만, 어쨌든 나와 그가 캠퍼스 커플이 된 계기는 그랬다.

남녀 공학의 중고등학교를 다녔기 때문에 주위에서 남자친구 혹은 여자친구를 사귀는 아이들을 심심치 않게 보긴 했다. 그러나 완전히 모범생이었던 나는 학교와 집, 그리고 미술학원과 독서실을 차례로 순회하는 일상이 전부였다.

그 사람은 우리 학교 상경대학 경영학과생이었다. 학번으로는 1년 선배였지만 나이는 같았던 그 사람은 우리 아빠와 흡사한 구석이 많은 남자였다. 유머러스하고 자상했으며 이해심이 많았다. 그 사람은 나와 대화도 잘 통했고 우리는 친구들과도 잘 어울렸다.

"미경아! 지금 수업 끝났니?"

강의실에서 실기 수업을 마치고 나오는데 나를 부르는 소리에 뒤를 돌아봤다. 그 사람이었다.

"아니, 선배. 여기까지 웬일이야?"
"웬일은, 무슨! 너 보러 왔지."

그는 나를 보기 위해 미술학과 건물에 풀방구리에 쥐 드나들 듯했다. 때로는 상경대 건물에서 그 사람이 머무는 시간보다 미더 건물에서 찾는 게 더 쉬울 정도라는 말이 돌았다.

누드 실기 수업이 있는 날이었다. 누드모델의 프라이드를 보장해야 하는 까닭에 누드 실기 수업이 있는 날은 미대생 외에 타 학과 학생의 출입이 통제되는 게 미술대학의 관례였다.
모델이 힘겨운 포즈를 취하는 수업 시간에는 우리도 잡담 한마디 하지 않고 조용한 가운데 스케치나 크로키에 온 신경을 집중하고 했다. 그때 뒷문이 소리 없이 열렸다. 무심히 뒤를 돌아보던 나는 입을 딱 벌리고 말았다. 바로 그 사람이 아닌가! 그 사람은 늘 하던 대로 무람없이 강의실 문을 열었던 것이고 우리 중 아무도 그런 그에게 신경을 쓰지 않았다. 실기 수업이 끝나고 내가 눈을 흘기며 소리를 질렀다.

"선배 때문에 내가 미쳐!"
"뭘 그렇게 화를 내? 늘 드나드니까 별생각 없이 문을 열었던 것뿐인데."
"누드 실기 수업이 있는데, 아무도 선배를 안 막았단 말이야?"
"나를 막긴 누가 막겠어. 미경아? 너 그거 모르지?"
"내가 뭘 모른다는 거야."
"니네 학과에서는 나를 미대생으로 안다. 지난번에는 미대 교수님 한 분이 지나가시다가 나한테 그러는 거 있지. 자네는 내 수업에는 왜 한 번도 안 들어왔냐고 하시더라."
"어머머, 세상에나!"

나는 그의 능청에 웃음을 터뜨리고 말았다. 그 사람 말처럼 진짜 미술대학의 학생들이나 교수님들까지 그 사람을 미대생으로 알 정도였다. 누가 들어도 배꼽 잡고 웃을 일이었다. 그만큼 선배가 나에게 푹 빠져 있었던 게 분명했지만, 그때 나는 그걸 대수롭지 않게 생각했다. 4년 내내 우리는 그렇게 붙어 다녔다. 물론 티가 나게 연애를 했던 건 아니었다. 학과는 달랐지만 학교가 같다 보니 친구들과 몰려다니면서 재미있게 대학 생활을 보냈을 뿐이라고 여겼다. 그래도 우리는 누가 보더라도 영락없는 캠퍼스 커플이었다.

4년 동안 교제를 이어 오면서 티격태격하는 일도 많았다. 오래된 연인의 싸움이 결별로 이어지는 경우가 많았지만 학교가 같았던 우리에게는 그마저도 남의 일이었다. 크게 싸워서 당분간 서로 보지 않고 지냈으면 할 때도 친구들이 '미경아, 아까 보니까 선배 학생 회관에 있더라.'라는 말로 선배의 행동반경을 알려 주었다. 그 사람의 친구들 역시도 미경이가 학교 식당에서 밥 먹으려고 줄 서 있더라는 말을 전해서 화해시키는 일이 종종 있었다. 나와 그는 친구들 눈치 보느라고 대놓고 싸울 수도 없었다.

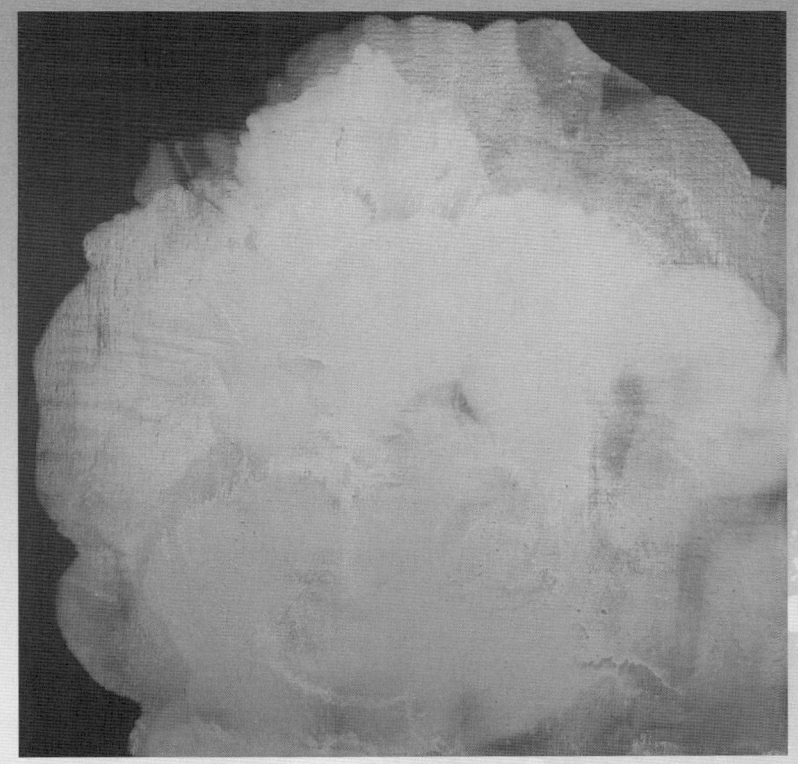

210903-04 90×90cm (2021)

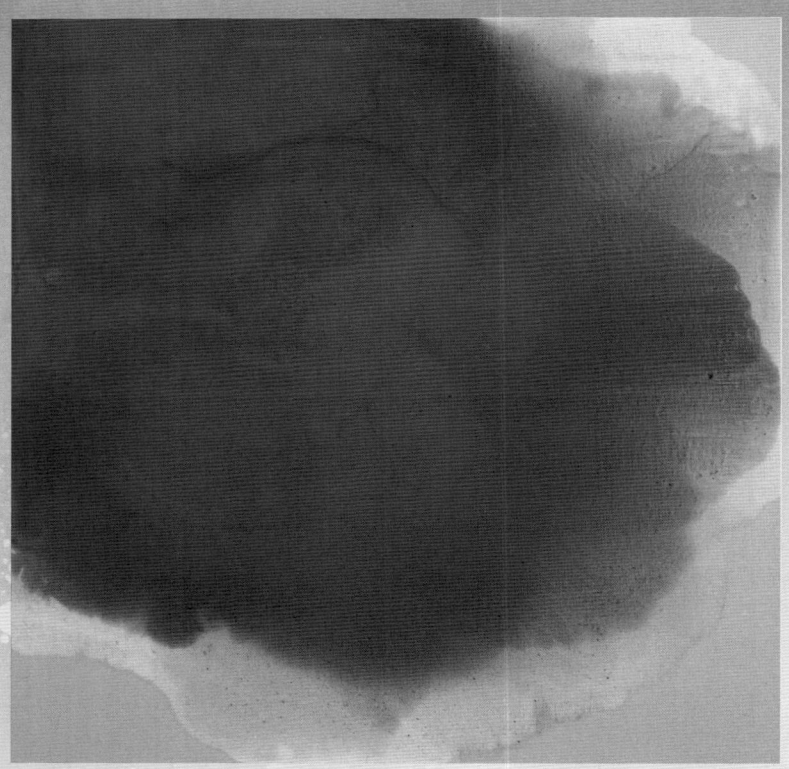

210903-05 110×110cm (2021)

누구 시리즈 41

누가 보더라도 나와 그는 영락없이 연애하는 사이로 보였지만 나는 그런 생각을 깊이 하지 않았다. 원래 이성 교제에 그다지 관심이 없었을 뿐 아니라 결혼 자체는 내 인생과 무관하다고 생각했다. 오직 그림에 대한 열망으로 가득 찼던 나는 그 사람을 믿음직하고 말 잘 통하는 학교 친구 정도로 생각했던 것 같다. 요즘 말로 하면 순수한 '남사친'이나 '여사친'의 관계라고 생각했던 것 같다. 하지만 그건 순전히 나만의 생각이었다.

?

나는 도대체 너한테 뭐였니?

　미대 공부를 하면서 그림을 향한 나의 열정은 점점 더 커져만 갔다. 미술 공부를 4년으로 끝내고 싶지 않았다. 공부를 계속한다면 선택은 두 가지였다. 동 대학원에 입학하는 길과 유학의 길이 그것이다. 대학원을 택하는 일이 내가 처한 상황에서는 훨씬 쉽고 수월한 길일지도 몰랐다. 불편한 몸으로 유학을 감행한다는 건 적지 않은 도전과 용기가 필요했다.
　하지만 쉬운 선택으로 적당히 타협하거나 현실에 안주하고 싶지 않았다. 기회가 허락된다면 더 넓은 세상으로 나아가고 싶은 꿈이 있었던 터에 나는 진작부터 유학을 준비하고 있었다. 부모님도 반대하지는 않았지만, 여자 혼자 그것도 몸이 불편한 딸을 먼 타국으로 보낼 생각에 걱정이 많으셨던 것 같다. 내가 이루고자 하는 꿈과 부모님의 걱정 사이에서 고민이 많아졌다.
　4년을 줄곧 붙어 다니던 그 사람에게 나는 내 진로를 의논했다. 그도 MBA를 따기 위해 유학 준비를 하고 있다는 걸 알고 있었기 때문이었다.

"선배도 알다시피 나는 대학원보다는 유학 쪽으로 마음을 굳히고 있어."
"미경아, 잘 생각했다. 더 넓은 세상에서 꿈을 펼치는 게 미경이 너한테도 훨씬 좋을 거야."
"그런데 부모님이 걱정이 많으신 거 같네."
"부모님이 유학을 반대하신다는 거니?"
"선배도 알잖아. 우리 부모님이 자식들 교육에는 열심인 분들인 거."
"그런데 뭐가 문제야?"
"나 혼자 가는 게 마음에 안 놓이시는 거겠지."

그 사람은 아연실색한 표정으로 나를 빤히 쳐다보았다.

"선배, 왜 그래? 내 얼굴에 뭐가 묻기라도 했어?"

나는 내 얼굴을 손바닥으로 문지르면서 물었다.

"미경아, 너 진짜 웃기다. 유학을 너 혼자 가려고 했단 말이니?"
"당연히 나 혼자 가야지. 그럼, 내가 누구랑 가?"
"나는 당연히 너랑 갈 생각이었거든. 너도 나와 같은 생각인 줄 알았는데, 정말 기가 막힌다."
"아, 선배!"

나는 머릿속이 멍해져서 아무런 대꾸를 하지 못했다.

"미경아, 도대체 나는 너한테 뭐였니? 우리가 함께 지낸 4년 시간이 너한테는 아무것도 아니었단 말이냐?"

그는 벌컥 화를 내고는 자리를 박차고 나갔다. 그때 비로소 그의 속마음을 알아차렸다. 돌이켜 보니 나도 그 사람 외에는 다른 남자를 만난 적도 없었거니와 다른 사람을 남자로 생각해 보지 않았다는 걸 깨달았다. 불같은 열정은 없었지만, 시나브로 두 사람은 서로에게 꼭 필요한 인생의 동반자가 되어 있었던 거였다.

우리 집에서는 그를 반기는 분위기였다. 몸이 불편한 딸자식을 미국 유학길에 혼자 보낸다는 게 쉽지 않았던 부모님이었는데 그가 내 옆을 지켜 준다고 하니 미더워하셨다. 우리 집은 그렇게 그 사람을 환영했지만, 그의 부모님은 아들의 결정을 어떻게 받아들였는지 그때는 까맣게 알지 못했다.

그 사람이 나를 결혼 상대로 선택해서 함께 유학길에 오르겠다는 폭탄선언을 하는 바람에 부모님과 갈등을 겪었다고 했다. 맏아들이 몸이 불편한 나와 결혼을 한다고 하니 시부모님이 충격을 받으실 만도 했을 것이다. 시부모님은 나를 많이 반대하셨던 모양이다.

부모님을 설득하기 위해서 그 사람은 집에서 며칠 가출까지 감행했다고 했다. 다 나중에 알게 된 일이었다. 그런 우여곡절 끝에 그는 마침내 부모님으로부터 나와의 결혼 승락을 받아 낸 것이다. 그 사실을 뒤늦게 알게 되었지만, 나는 시부모님한테 조금도 서운한 마음이 들지 않았다. 세상 어느 부모님이 장애인 맏며느리를 보고 싶으셨겠는가. 나는 시부모님의 마음을 백 퍼센트 이해하고도 남았다.

나는 여태껏 살면서 누군가에게 야속하거나 서운한 감정을 잘 품지 않는 사람이다. 평소 친정 아빠의 가르침 덕분이었다.

"모든 사람에게 친절과 선을 베풀어라. 혹여 네가 친절을 베푼 사람이 너를 서운하게 하더라도 그걸 고까워하거나 그 사람을 미워하지 말아라. 시간이 지나면 그 사람이 스스로 깨닫는 날이 올 것이다."

친정 아빠의 그러한 가르침은 내 인생의 신조가 되었다. 혈기가 왕성하던 시절에는 아빠의 말씀에 반박하는 마음도 들었다. 하지만 나이가 들수록 나 또한 내 딸에게 아빠의 가르침을 훈육하곤 한다. 아빠는 일평생 한 번도 화를 내시는 법이 없으신 분이었다. 그러한 아빠의 인품에 시부모님들도 반하셨던 게 아닐까 싶다. 상견례 자리에서 연배가 비슷하신 시아버님과 아빠가 한국 전쟁과

학도병 이야기로 마음이 통하셨던 모습은 참으로 보기 좋았다.

누구에게나 선함으로 대하셨고 당신 자식들에게도 항상 선함을 가르치셨고 유머로 분위기를 화기애애하게 띄우셨던 아빠가 현재는 7년째 알츠하이머병을 앓고 계시다. 아빠를 뵙고 올 적마다 예전 일들이 주마등처럼 스쳐 지나가면서 마음이 안타깝다.

결혼 전에는 나도 모르게 시부모님이 나를 반대하셨다지만 참으로 선하고 좋으신 분들이었다. 결혼 후에는 나한테 그런 내색을 한 번도 하지 않으셨다. 아버님과 어머님 두 분 모두 신실한 크리스천이셨는데, 어머님은 나를 두고 기도를 많이 하셨단다. 당신이 반대했지만, 맏며느리인 나를 좋게 볼 수 있게 해 달라고 말이다. 지금은 두 분이 다 돌아가셨지만, 살아생전에는 항상 나를 지지해 주셨던 든든한 지원군이었다. 그러고 보면 나는 양가 부모님 복이 많은 사람인가 보다. 그 또한 말할 수 없이 감사한 일이다.

결혼 후 우리 부부는 곧바로 유학길에 올랐다. 결혼 때문에 유학이 유보되어서는 안 된다고 판단했다. 우리는 부부 가운데 어느 한쪽이 일방적으로 희생되는 유학도 원하지 않았다. 우리는 함께 공부하고 고생하는 유학 생활에 합의를 봤고 어떤 고생도 감수하리란 생각이었다.

?

교수님은 한국말 잘 하실 수 있나요?

뉴욕의 대학에서 공부를 시작했다. 한국에서 유학 준비할 때 나름대로 열심히 한다고 했지만, 현실에서 부딪친 언어의 벽은 높기만 했다. 더욱이 우리 세대에 영어 공부라는 게 문법 위주에 틀에 박힌 학습이었다. 영어를 읽거나 글로 쓰는 데는 그런대로 문제가 없었지만, 일상에서 능란하게 말을 하기에는 여러 가지 어려움이 많았다.

첫 학기의 수업을 들었을 때 있었던 일이다. 미술대학의 특성상 실기 위주의 강의가 많았다. 캔버스를 통해서 내가 가진 미술적 재능과 기량은 마음껏 표현할 수 있었다. 교수님의 수업 내용을 받아들이기에도 큰 어려움은 없었다.

"오늘까지 실기 수업을 마치도록 하겠습니다. 다음 시간에는 각자 캔버스에 표현한 자신의 작품을 설명하는 시간을 갖도록 하겠습니다. 작가 본인의 생각과 기법을 캔버스에 어떻게 드러냈는지 얘기하는 것도, 작품을 창작하는 예술가에게는 꼭 필요한 과정이기 때문입니다."

 워낙 명성 높은 교수님이었고 수업 방식도 마음에 들었지만, 한편으로 까다롭다는 소문도 익히 들은 바 있었다. 나는 긴장하지 않을 수 없었다. 내 작품을 영어로 설명해야 하는 수업이 두려웠다. 아직 영어가 서툴렀던 나는 며칠 동안 밤을 새워 가며 영어로 타이프를 쳤다. 함께 공부하는 친구들과 교수님께 드릴 내 작품 해설이었다. 다른 친구들처럼 능수능란하게 설명하기에 나는 영어 실력이 부족했다.

 수업이 시작되자 나는 밤새 준비했던 프린트를 친구들에게 나눠 주었고 교수님께도 드렸다. 다른 친구들은 유머도 섞어 가며 물 흐르듯 자기 작품을 설명했던 것과 달리 내 표정은 딱딱해졌고 행동도 어눌했다. 프린트의 글을 더듬거리며 읽기 시작했다. 교수님의 표정이 차갑게 굳어졌다. 숨 막히는 몇 분의 시간이 지옥처럼 흘러갔다. 갑자기 교수님이 몸을 벌떡 일으키셨다.

 "나는 미경 학생에게 학술지에나 나올 법한 프린트 설명을 원한 게 아닙니다. 자신이 그린 작품 하나 매끈하게 설명하지 못하는 학생의 이야기를 내가 굳이 들을 필요가 있을까요?"

210903-06 110×110cm (2021)

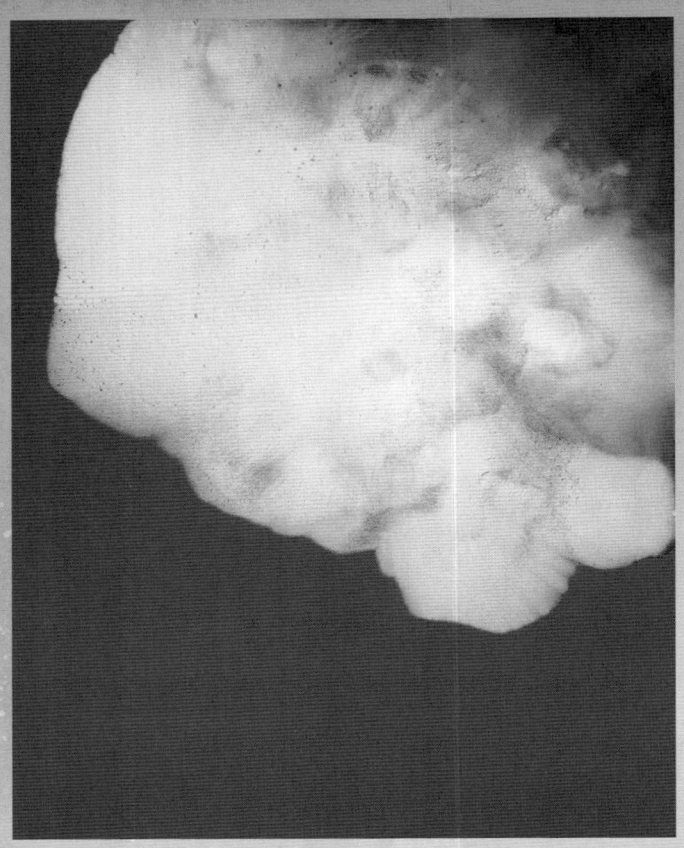

210903-07 130×162cm (2021)

소문대로 실력이 좋은 만큼 성격도 만만치 않게 괴팍하신 분이었다. 동서고금에 상관없이 실력 좋은 예술가와 대가들은 왜 하나같이 괴팍한 성정을 가진 걸까? 그게 하나의 '국룰'이기라도 하듯이.

내 얼굴은 토마토 으깨 놓은 듯이 시뻘게졌고, 손발이 덜덜 떨렸다. 학생들도 당황한 표정으로 나와 교수님을 번갈아 쳐다보았다. 머릿속이 하얗게 되는 순간 가슴속에 불덩이가 치밀어 올랐다.

"교수님!"

강의실 문을 향해 몇 걸음을 옮기는 교수님을 불러 세웠다. 교수님은 걸음을 멈추고 나를 돌아보았다.

"교수님은 한국말 잘 하실 수 있나요?"

참으로 뜬금없는 말이었다. 미국 대학의 강의실에서 미국인 교수에게 한국말을 잘 할 수 있냐고 묻는 한국 여학생은 얼마나 작고 하찮아 보였을까. 지금은 세계에서 한국의 국제적 위상과 인식이 높지만, 그때만 해도 한국 사람을 일본 사람이냐고 묻는 게 흔한 시절이었다. 동쪽의 귀퉁이에 박혀 있는 나라의 여자 유학생, 그것도 몸이 불편한 자그마한 사람이 미국 대학의 저명한 고

수 앞에서 사뭇 당돌했던 것이다.

"노노, 네버! 나는 한국말을 전혀 하지 못합니다."

교수님은 황당한 표정으로 손사래를 쳤다. 자신이 한국말을 하지 못하는 게 너무도 당연하다는 듯이.

"나는 한국말은 정말 잘합니다. 교수님이 영어를 잘하시는 만큼은요. 교수님이 한국말을 전혀 하지 못하는 만큼 저도 영어에 서툴 뿐입니다. 그게 잘못은 아니지 않습니까?"

교수님의 얼굴에 희미한 빛이 감돌았다. 학생들도 흥미로운 표정으로 두 사람을 예의 지켜봤다.

"미경! 더 말해 보세요. 당신의 발언이 매우 흥미롭군요. 그래서요?"

"미국에서 지내다 보면 저도 영어는 유창해질 수 있을 겁니다. 그 이전에 나는 이 학교에 비싼 학비를 내고 입학했습니다. 이 학교에서도 나의 입학을 허가해 주었던 거지요. 나는 교수님의 수업을 들을 권리가 있는 학생이고 이 학교에 재직하고 계신 이상 교수님은 학생인 나를 지도할 의무가 있으십니다. 그러니까 교수님은 자리에 앉으셔서 다른 학생들에게 하셨듯이 똑같이 내 설명을 들어야 합니다."

나와 교수님 사이의 무거운 기류가 흘렀지만, 학생들도 나를 응원하는 기색이 역력했다. 교수님은 자리에 앉아 자리에 놓여 있던 프린트를 읽었고 더듬거리는 내 설명을 끝까지 경청했다. 수업은 그렇게 끝이 났다.

첫 학기의 성적표를 받았을 때 나는 '꺅!' 하고 소리를 질렀다. 까다롭기로 소문이 난 그 교수님은 나한테 생각지도 못한 좋은 학점을 주셨다. 김미경의 '똘기'가 뉴욕 대학에서도 통했던 거다. 교수님께도 이 자리를 빌려 감사의 말씀을 드리고 싶다.

고되고 힘들지만 보람찼던 유학 생활

우리 부부는 뉴욕에서 공부하면서 생계도 책임져야 했다. 미국은 장애인을 위한 편의시설이 잘된 대표적인 나라이다. 학교 계단이나 건물의 출입문과 제반 시설을 이용하는데 우리나라보다 훨씬 편했다. 장애인이기에 겪는 학교생활의 불편함은 없었지만, 생계를 꾸려 나가야 하는 현실적인 부분에는 힘이 많이 부쳤다.

주위에 한국 유학생도 별로 없던 시절이었다. 남편과 함께 개척한다는 정신으로 모든 걸 부딪치면서 해결했다. 하루하루 고되고 힘든 나날이었지만 그걸 이겨 내고 버틸 수 있었던 것은 유학을 통해 새로운 것을 배운다는 기쁨과 그동안 알지 못했던 미술 세계에 눈뜰 수 있었기에 가능했다.

"오오~ 원더풀! 미경의 데생 실력은 알아줘야 해. 퍼펙트!"

함께 공부하던 미국 학생들은 수업에서 나의 데생 실력을 보면 휘파람을 불며 환호했다. 미국 교수도 인정하는 부분이었다.

우리나라에서 미술 교육을 받아 오면서 나는 실기에 강했다. 우리나라 예술대학이 실기 위주의 교육을 하기 때문이었다. 미국 학생들과 수업을 받는데 그들이 데생을 너무 못한다는 것을 알게 되었다. 그래서 내가 그들보다 훨씬 뛰어나다는 자만심이 생겼다. 그러나 자만심은 그리 오래가지 않았다. 내 생각이 틀렸다는 게 곧 드러났다. 시간이 흐를수록 외국 학생들의 작품 콘텐츠가 달라지는 게 눈에 보였다. 우리나라는 예체능도 주입식으로 교육하는 반면 외국은 많은 면에서 달랐다. 그들은 열린 사고방식으로 모든 사물과 오브제를 대했고 그런 습관이 창작에서 두각을 나타낸다는 것을 깨닫게 되었다.

내가 미술이나 그림에 관해서 기본도 몰랐던 여섯 살 이전의 영주 외가에서 체득한 감각이 바로 열린 사고를 기르는 밑바탕이었을지 모른다는 생각이 들었다. 그 이후 중고등학교와 우리나라 대학에서 공부하면서 어쩔 수 없이 나도 우리나라의 예체능 교육 방식에 젖어 들었던 거였다. 그나마 다행이라면 여섯 살 이전에 자연에서 체득한 예술적 영감이 잠재되어 있었기에 틀에 박힌 미술 교육의 한계를 벗어날 수 있었던 것인지도 모른다. 나 또한 부단히 노력했고 어느 정도는 해내기에 이르렀다.

학비는 각각의 부모님께 도움을 받았지만, 생계는 우리 손으로 책임져야 했다. 남편과 나는 안 해 본 일이 없었다. 화장품 방문 판매, 운동화 가게의 파트 타임, 세탁소 다림질, 미술 강사 등 정말 수많은 아르바이트로 몸은 녹초가 될 때가 한두 번이 아니었다. 다시 그 시절로 돌아가서 고된 아르바이트를 감당하라고 하면 두 손 두 발 다 들 지경이었다. 그래도 그 상황이 오면 나는 또다시 도전할 것이다. 왜냐하면 그러한 경험으로 인해 세상을 살아갈 용기와 당당함을 얻을 수 있었으므로.

운동화 가게의 파트 타임으로 일할 때의 일이었다. 그 당시 미국인은 특히 운동화를 좋아해서 수입에 일정한 돈을 운동화 사는 데 쓰는 사람이 많았다. 미국은 월급제가 아닌 주급제가 기본이다. 주급으로 받은 페이로는 고가의 운동화를 사기에 턱없이 적은 돈이었다. 고객들은 고가의 운동화를 구입할 때 주급의 페이를 분할해서 운동화 가격을 지불하곤 했다. 나는 장부에 그들의 명단을 작성하고 매주 분할로 지불하는 돈을 기입했다.

장부와 돈은 사다리를 타고 올라가야 하는 높은 곳에 보관할 때가 많았다. 키도 작고 몸이 불편했던 나한테 사다리나 계단을 오르는 일은 여간 힘이 든 게 아니었다. 그런 내 모습을 지켜보던 몇몇 고객들은 나를 대신해서 사다리와 계단을 성큼성큼 올라가 장부와 돈을 꺼내 오기도 했다.

힘들고 고된 유학 생활이었지만 그런 분들의 따뜻한 마음에 용기와 힘을 받기도 했다. 사람이 사람에게 베푸는 친절은 장소와 시간을 불문하고 어디에나 있기 마련이었다.

바바라 루에츠 갤러리 피나코텍 개인전(뮌헨, 2019)

세상에서 가장 소중한 나의 딸

아무도 도와줄 사람이 없는 낯선 도시에서 힘들게 생활비를 벌어 가면서 어렵게 공부하는 유학생이었지만 우리 부부는 임신을 미루지 않았다. 스물다섯 살에 아기가 생겼을 때 우리는 말할 수 없이 기뻤고 축복으로 생각했다. 나는 불러오는 배를 안고 수업을 들었고 아르바이트도 계속했다. 아이가 태어나면 생활비가 더 들 걸 생각해서 돈 버는 걸 멈출 수 없었다.

다리가 불편한 이유로 골반도 작은 나는 제왕절개 수술로 아기를 낳았다. 드디어 우리 딸이 태어난 것이다. 그동안 고생했던 게 하나도 생각나지 않을 만큼 아기를 안는 순간 세상을 다 얻은 듯 행복했다.

모유 수유를 했던 나는 학교에도 아기를 데리고 가서 수업에 참석했다. 미술 강의는 실기 위주가 많았던 터에 아기가 울지 않으면 가능한 수업이 많았던 덕분이었다. 미국은 그런 면에서 상당히 열린 나라였다. 나는 남편과 강의 시간을 조율했고 공강을 이용해서 자동차에서 모유 수유하는 날이 많았다. 그 모습을 눈여겨 지켜본 지도 교수님이 나를 부르셨다.

"미경, 밖에서 수유하느라고 고생하지 말고 내 연구실에 와서 하도록 해요."
"교수님, 그래도 괜찮을까요?"
"물론이죠. 내가 없을 때는 편하게 이용하도록 하세요."

모유 수유로 불편함을 알게 되었던 지도 교수님이 자신의 연구실을 내주는 친절함을 베푸시기도 했다. 그 지도 교수님 덕분에 편하게 모유 수유를 할 수 있었다. 아이를 한 명 키우기 위해서는 온 마을이 필요하다는 말도 있다. 나야말로 그런 말에 큰 혜택을 입은 사람 중 한 명일지도 모른다.

  그런 분들의 덕분으로 딸은 무럭무럭 자랐다. 유학을 마치고 한국에 돌아왔을 때 미국 시민권자였던 딸을 외국인 학교에 보낼 수도 있었지만, 나는 그냥 일반 학교에 입학시켰다. 1985년생인 딸이 중학교 다닐 즈음 우리나라는 한창 사교육 바람이 불던 시절이었다. 하지만 딸에게 좋은 대학에 가기 위해 학원 순례를 강행하는 입시 위주의 교육을 하고 싶지 않았다. 나는 딸에게 무엇이든 스스로가 결정하는 자세와 습관을 가르쳤다. 다만 친정 아빠의 가르침이었던 친절함과 선함만큼은 딸에게 본보기가 되도록 노력했다.

어느 날인가 한창 강의에 열중하고 있는데 딸로부터 전화가 왔다. 딸이 학교에 있을 시간인데 무슨 일인가 싶었다. 강의가 비는 시간을 틈타서 딸에게 전화를 걸었다. 딸의 울음 섞인 목소리가 심상치 않았다.

"엄마, 나 지금 집에 왔어."
"학교에서 무슨 일이 있었니?"
"나 오늘 옥상에서 아이들한테……."

눈물을 쏟는 딸의 말에 기가 찼다. 심장이 벌렁거렸고 정신이 아득했다. 딸의 말인즉 학교에서 왕따를 당하던 아이가 있었다고 했다. 그 아이가 너무 불쌍하고 안타까워서 적극적으로 옹호하고 도왔다고 했다. 선도부였던 딸은 일진들이 그 아이를 괴롭히는 걸 두고 볼 수 없었던 거였다. 딸의 선행을 아니꼽게 생각한 몇 명의 일진 아이들이 딸을 옥상으로 데리고 올라가 무자비하게 폭행을 했단다. 그 일이 있기 전부터 거의 6개월 동안을 일진들에게 시달렸지만 딸이 말은 하지 않았기 때문에 까맣게 모를 수밖에 없었다.

딸과 전화를 끊고 손이 벌벌 떨렸다. 남은 강의를 정신없이 하고는 집으로 돌아왔다.

"네가 잘못한 게 절대 아니다. 너는 그 아이를 위해 정당하고 정의로운 일을 한 것이니까 엄마는 우리 딸이 정말 자랑스럽다."

내가 딸에게 한 말이었다. 이튿날 딸에게 학교에 가지 말라고 한 후 교무실에 전화해서 약속을 잡았다.

약속한 날 나는 학교에 갔다. 딸이 일진들에게 혹독하게 당하는 동안 학교 교사들이 손을 놓고 있었던 사실에 화가 나서 견딜 수가 없었다. 교무실에 들어선 나는 책상을 내리치면서 강력히 항의했다. 교무실의 선생님들이 나를 진정시켰고 사과에 이어 해결하겠다고 했지만 나는 그 학교에 딸을 계속 다니게 할 수 없었다. 일진들이 계속 딸을 괴롭힐 건 불을 보듯 뻔할 테니까 말이다. 사춘기까지 겹쳐서 찾아온 딸은 마음의 상처를 많이 입었다. 따돌림당하는 약한 친구를 정당하게 도운 걸로 자신이 학교에서 밀려났다는 사실을 받아들이기 힘든 일이었다.

나는 딸을 자퇴시켰다. 그동안 학교에서 마음고생을 한 딸을 쉬게 하고 싶었다. 마침 그때가 남편이 베트남에서 근무하던 시절이었다. 나는 딸을 남편이 있는 베트남으로 보냈다.

"복잡한 생각하지 말고 아빠한테 가서 실컷 쉬고 놀고 와. 그동안 엄마가 네가 다닐 학교를 알아볼 테니까 아무 염려하지 말고."

그 덕분에 딸은 상처받은 마음을 많이 치유할 수 있었고 다행히 사춘기도 잘 극복한 딸은 외국인 학교에서 다시 공부할 수 있게 되었다. 고등학교 다닐 때 딸은 아마추어 포켓볼 선수로 활동했다. 포켓볼이 딸에게 사랑의 메신저가 되었다. 아마추어 경기를 하기 위해 한국에 파견 온 미국인 군인과 사랑에 빠졌으니 말이다. 딸이 대학교 2학년 때의 일이었다.

남편은 딸이 선택한 남자가 미국인임을 알고 반대를 했지만 나는 그런 선입견은 없었다. 다만 딸이 대학을 졸업하고 결혼을 하길 바랐지만, 자신이 경제적으로 자립한 상태인데 결혼에 무슨 문제가 있느냐는 사윗감의 주장에 밀려서 허락했다. 이른 나이에 결혼한 딸 덕분에 첫 손녀가 벌써 열여덟 살이고 나는 세 명의 손주를 둔 할머니가 되었다.

미국에서 딸 식구가 한국에 들어오면 정신이 하나도 없다. 친정엄마와 장모 역할에 할머니 노릇까지 한꺼번에 치러야 하는 수고로움은 있지만, 그 정도는 하나도 힘들지 않을 만큼 행복하다. 내가 대학 졸업하자마자 결혼했고 딸 역시도 대학교 2학년이라는 조금 이른 나이에 결혼한 덕분에 친구 중에는 내가 빨리 할머니가 된 편이었다. 어쩌면 친구 중 내가 가장 먼저 증조할머니도 되지 않을까 하는 기대를 품어 본다.

가족 사진

치열한 나의 일상들

6년간의 유학 생활을 마치고 1990년에 귀국했다. 그때 나이가 서른 살이었다. 홍익대, 경원대, 명지대, 우석대, 강릉대, 전북대 등 전국적으로 강의를 다녔다. 몸이 힘들지 않다면 거짓일 것이다. 하지만 힘든 만큼 반드시 얻는 게 있다는 건 인생의 철칙이다. 전국을 돌아다니면서 강의를 했던 만큼 그 지역에서 느낄 수 있는 자연의 풍광과 계절의 정취에는 한껏 심취할 수 있었다. 특히 강릉으로 강의를 다닐 때는 이동하면서 계절의 변화를 볼 수 있어 작품 활동에도 많은 영감을 얻곤 했다.

내 작품의 화두는 자연이다. 누군가는 꽃을 확대경으로 들여다보는 듯한 느낌이라고도 했고 누군가는 심층적인 자연의 한 모습을 해석한다고 했다. 또 누군가는 추상적인 서양화에서 동양화의 멋이 느껴진다고도 했다. 작품을 창조하기 위해서 내게 자연은 스승인 동시에 창작의 모티브가 되었다.

대학 강의를 맡으려고 면접에 임할 때마다 심사 교수들의 걱정스러운 시선이 느껴졌다. 그분들도 편견을 배제한 잣대로 심사했겠지만, 나의 불편한 몸은 아무래도 그분들 눈에 띌 수밖에 없었을 것이다. 미대 강의는 가만히 앉아서 하는 수업보다는 실기 위주에 능동적인 강의가 많은 편이다. 걱정과 염려를 담보한 채 맡겨진 강의에 열과 성의를 다해 나를 증명하는 수밖에는 없었다. 학교 관계자들은 나의 성실성과 열정에 높은 점수를 주었고 또다시 강의를 의뢰하곤 했다.

무려 17년 동안 강의를 이어 왔다. 작품 활동과 함께 틈틈이 살림도 도맡아 했으므로 나는 24시간이 모자랄 지경이었다. 일인다역의 역할을 감내했지만 내 성격상 그 어느 하나도 허술히 하거나 대충한다는 것을 용납할 수 없었다.

대기업에 다녔던 남편은 해외 출장과 근무가 많아서 여건상 나를 돕기가 여의치 않았다. 나는 딸을 돌보는 일과 가사 일, 그리고 학교 강의와 작품 활동을 동시에 진행해야 했다. 지방에 강의가 있는 날은 수업을 마치고 집에 와서 저녁 준비와 살림까지 하고 나면 밤 11시가 넘기 십상이었다. 비로소 오롯이 내 시간이 허락되었고 그때부터 작품에 몰입할 수 있었다. 거의 날밤을 새우며 그림을 그려야 했고 새벽 3, 4시가 되어서야 겨우 잠자리에 들었다. 서너 시간도 채 자지 못하고 또 다음 날 일정을 소화해야 하는 게 나의 일상이었다. 하루하루가 전쟁터를 방불케 할 만큼

210925-03 130×162cm (2021)

누구 시리즈 41

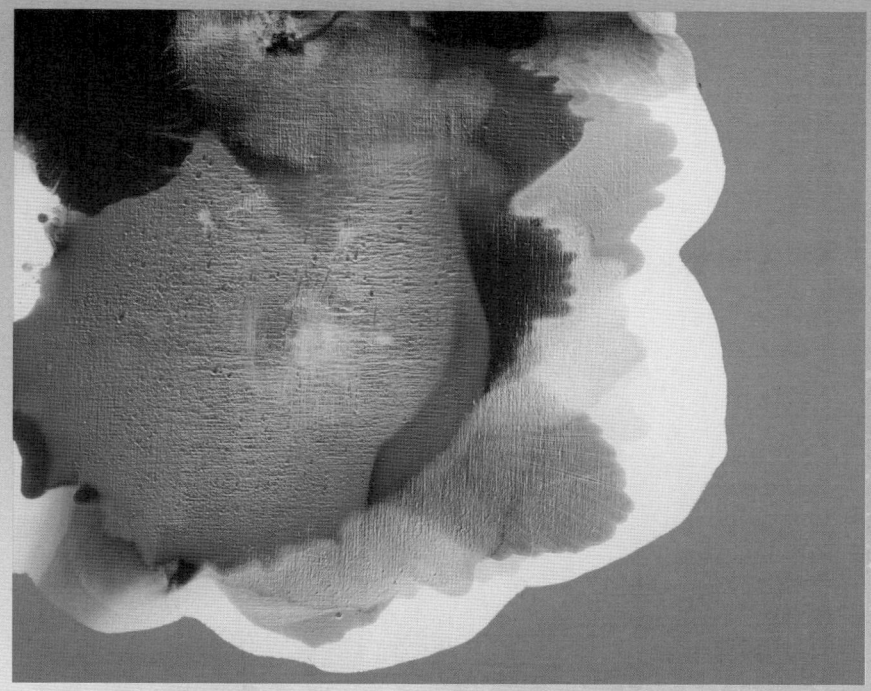

210925-04 162×130cm (2021)

치열하고 전투적이었지만 나는 그런 삶을 통해 인생의 에너지와 작품을 향한 열정을 충전 받곤 한다.

"저기, 김 선생님이 드릴 말씀이 있는데……."

동료 교수 한 분이 조심스럽게 입을 열었다.

"김 선생님, 그래도 명색이 대학 강단에 서시는데 옷차림이……."

그분의 말씀에 나는 내 옷차림을 살펴보았다. 나는 보조기를 하고도 반바지를 즐겨 입었고 디스코텍에서도 개의치 않고 춤을 췄던 사람이었다. 대학에 다닐 때나 미국 유학 시절에도 나의 장애와 어떤 옷차림에도 남의 시선을 의식하지 않았다. 어디서나 당당하고 움츠러들지 않았던 내 모습에 남편도 반했다고 할 정도였다.

내가 맡은 강의 대부분이 실기 수업이었다. 수업을 진행하는 동안 물감이 옷에 묻는 건 일상이라서 사실 반바지와 짧은 치마보다는 청바지가 편하긴 했다.

"네, 주의하도록 하겠습니다. 다음부터는 긴바지를 착용하고 올게요."

Mi-Kyoung_Kim@LeeGalerie_Berlin2013 ⓒFeli×Park
리 갤러리 베를린 개인전(베를린, 2013)

나는 '쿨'하게 받아쳤고 바로 수긍했다. 누군가로부터 조금 서운한 지적을 듣더라도 고까워하지 말라는 친정 아빠로부터 가르침은 인생을 유연하게 사는데, 도움이 되곤 했다.

내 수업을 듣는 학생들도 나를 보고 느낀 바가 크다는 강의 평가가 이어졌다. 눈에 보이는 나의 장애와 내 인생 자체가 학생들에게는 산교육과 본보기가 된 게 아닐까 싶다. 몸으로 실천하지 않고 말로만 떠들고 진행한 강의는 공허한 메아리로 끝날 수 있다. 내가 제자들 앞에서 실제로 두 배로 노력하는 모습을 보이면 학생들도 나름 생각하는 바가 있었던 것 같았다. 학교에서도 그러한 점을 높이 평가했다.

내 강의를 들은 수많은 제자 중 상당수는 현역에서 화가로 활동하고 있다. 물론 연락이 끊긴 제자도 많고 계속 연락을 주고받는 제자도 있다. 세월이 흘러 전시회에서 눈에 익은 제자의 이름과 얼굴을 확인할 때가 있다. 또한 미술계의 여러 현장에서 활약하는 제자의 소식을 듣는 일도 많다. 그럴 때마다 열과 성의를 다해 가르친 보람으로 뿌듯해지곤 한다.

한국을 넘어 세계로

강의와 함께 작품 활동을 열심히 병행한 덕분으로 국내 전시회뿐만 아니라 해외 전시회에서도 내 이름을 알렸다. 뉴욕에서 석사 학위를 받았을 때 나는 이미 세계 무대로의 꿈을 품었다. 아트페어, 화랑미술제, 국제아트페어를 통해 외국에 내 작품을 소개했다. 이때 내 작품을 눈여겨본 갤러리에서 외국과 연결을 시켜 준 것이다.

1988년 Higgins Hall(뉴욕), International Messe fur Klassische Moderne und Gegenwartskunst, Karlsruhe(독일), 갤러리피나코텍(뮌헨, 독일), 2010 International Messe fur Klassische Moderne und Gegenwartskunst, Karlsruhe(독일), 2011 International Messe fur Klassische Moderne und Gegenwartskunst, Karlsruhe(독일), 신화갤러리(홍콩), 리갤러리(베를린, 독일), 랜드마크 센츄럴(홍콩), 2019 갤러리피나코텍

(뮌헨, 독일) 등의 해외 개인전을 개최했다.

작품 독특성을 인정받았을 뿐 아니라 열정적인 활동으로 2011년 시카고아트페어에 참가했을 때 『시카고 타임즈』 표지 작품으로 내가 소개되는 영광을 누리기도 했다. 표지에 내 작품이 소개되는 걸 나조차도 모르고 있었는데 그걸 보는 순간의 감격은 이루 말할 수 없을 정도였다. 현장에 있던 각국의 화가들에게 부러움을 사기도 했다. 전시된 내 작품을 감상한 외국 관객들은 내 작품을 갖고 싶다는 찬사를 보내기도 했다. 단지 말뿐이 아니라 실제 내 작품은 그들에게 팔리곤 한다.

세계 전시회에 뒤질세라 한국의 활동과 전시회도 셀 수 없을 만큼 많았다. 전시 성과는 둘째치고 부지런하고 바쁘게 살았다는 증명이라는 점에서 자부심이 크다.

1989 바탕골미술관(서울), 1991 윤갤러리(서울), 1992 갤러리2000(서울), 1993 갤러리이콘(서울), 1994 갤러리포커스(서울), 1996 조성희화랑(서울), 1999 갤러리메이(서울), 2001 모인화랑(서울), 2003 갤러리아트링크(서울), 스페이스함(구 렉서스갤러리, 서울), 가나인사아트센터(서울), 2005 KCAF, 예술의전당(서울), 2006 KCAF, 예술의전당(서울) 화이트박스갤러리, 2007 SFAS, 예술의전당(서울), 박영덕화랑(서울), KCAF, 예술의전당(서울), 2008 KCAF, 예술의전당(서울), 2009 박영덕화랑(서울), 2012 박영덕화랑(서울), 신화갤러리(홍콩), KCAF, 예술의전당(서

바바라 루에츠 갤러리 피나코텍 개인전(뮌헨, 2019)

울), 2013 신화갤러리, 2017 박영덕화랑(서울), 2020 아트스페이스KC(판교), 2021 갤러리초이(서울) 등의 개인전을 열었다.

 FREEDOM 2020 아듀 디스토피아전, COEX, '여백' 전, 갤러리마노, 갤러리초이, PLAS2020(조형아트서울), '각각의 색' 전, 대구예술발전소, 신세계갤러리, 홍익대학교 현대미술관 2020 '봄바람 휘휘호호' 전, '홍익루트' 전, 대구예술 발전소, 'BLUE ROOM' 전, 포용적 예술전, COEX, 갤러리초이, 새문안아트갤러리 2021 PLAS2021(조형아트서울), '광야에서', 갤러리마노, 아트셀시 2022 'For the Peace of Mind' 등등 다수의 단체전에도 참여했다.

 현재 내 작품은 국립현대미술관 미술은행, 상업은행, 정부미술은행, 오시리아스위첸마티에, 주한모나코 영사관, Galaxy Hotel, Macau, HSBC Private Bank(Suisse)SA, HK Office, HongKong, New World Development, HongKong, Pratt Institute 등에 소장되어 있다.

 이같이 열정적인 작품 활동의 결과였던 걸까. 2004년 현대미술 정예작가 대상, 2006년 한국청년작가상을 각각 수상하기도 했다.

바바라 루에츠 갤러리 피나코텍 개인전(뮌헨, 2019)

2011 시카고아트페어 참가 당시 <시카고 타임즈> 표지 작품으로 소개

?

바바라 루에츠 갤러리 피나코텍 개인전(뮌헨, 2019)

?

갤러리초이 개인전(2021)

Art-M 개인전(2020)

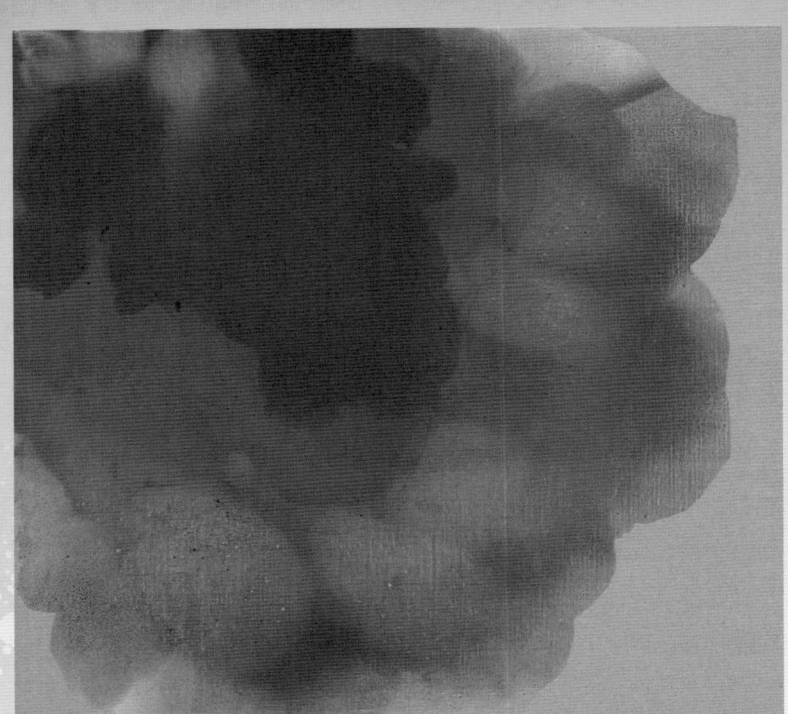

210925-05 130×130cm (2021)

누구 시리즈 41

캔버스에 영혼과 몸을 갈아 넣다

2002년 경기도 광주에 작업실을 마련했다. 이전까지는 식구가 함께 거주하는 아파트에서 작업을 했다. 하지만 털펜타인 유를 많이 사용하는 작업 특성상 주거지에서는 여러 가지로 불편한 점이 많았다. 단독주택도 아닌 아파트에서의 작업으로 환기의 어려움에 직면한 것이다. 털펜타인의 기름 냄새는 집안뿐 아니라 바깥으로 퍼져 나갈 수밖에 없을 만큼 독했다.

"아이고, 사모님! 집에서 무슨 일을 하시나 봐요."

한 번은 아파트 경비 아저씨가 곤란한 표정으로 내게 말을 건네셨다.

"아저씨, 왜요? 저희 집에서 기름 냄새가 많이 나죠. 아휴 정말 죄송합니다."

보호안경과 마스크를 착용하고 작업에 임하는 모습
(털펜타인 유를 많이 사용하는 작업 특성상 보호장비를 착용해야 함)

?

109
열정과 자연의 화가 김미경

Art-M 개인전(2020)

도둑이 제 발 저리다는 말처럼 나는 자진 납세를 했다. 남들에게 민폐를 끼치는 일을 한 번도 해 보지 않았던 터라 허리를 숙여 사과부터 했다.

"그러게요. 아파트의 어느 주민분이 슬쩍 그러시더라고요."

경비 아저씨가 뒷머리를 긁으면서 미안해하셨다.
그즈음 딸아이도 자주 두통을 호소했다. 나는 집과 멀지 않은 곳을 찾기 위해 경기도 일대를 알아보았다.

분당 수내동인 우리 집에서 멀지 않은 경기도 광주에 마련된 작업실은 호젓했고 자연에 둘러싸여 있었다. 2002년 그때까지만 해도 그랬다. 그러나 현재는 개발이 이루어져서 아파트와 주택이 많이 들어섰다. 그래도 내 작업실은 공동주택이 아닌 전원주택이라 냄새만큼은 신경 쓰지 않아도 된다. 그 냄새를 이겨 내려면 나도 보호안경과 마스크를 착용하는 중무장 상태로 작업에 임해야 한다. 병원에서도 독한 냄새에 오랫동안 나를 노출하면 몸에 이상이 올지 모른다는 경고를 받은 바 있었다. 누군가가 작업할 때 내 모습을 본다면 그림을 그리는 화가가 아니라 건물 벽면을 칠하는 페인트공으로 오인할 수도 있을 것이다.

나만의 독특한 작업 방식이 있다.

피그먼트라는 재료를 사용하는데 일단 마르고 나면 그 위에 다시 그리는 작업을 반복한다. 재료 자체가 마르는 시간이 오래 걸릴 뿐 아니라, 다리가 불편해서 이동하는데도 어려움이 많았다. 남들보다 두 배 노력이 필요한 작업이었다.

나의 작품 기법에 대해 귀한 말씀을 주신 미술평론가 몇 분들의 말씀을 발췌해서 옮기는 걸로 내 작업 방식을 갈음할까 한다.

그의 작업 방식은 독특한 데가 있는데, 털펜타인과 혼합된 안료를 캔버스에 올려놓고 손으로 화면의 상하, 좌우로 높낮이를 달리해 조정하는 방법을 사용한다. 그러면 캔버스 위의 안료는 상하, 좌우의 높낮이에 따라 흘러내리게 되고, 작가는 그 흘러내림과 함께 번지기, 덧붙임을 추가하여 다양한 표정을 얻어 낸다.

옅은 물감 사이로 보이는 작은 안료 입자들, 그런가 하면 그 주위를 에워싸는 접착력 있는 리퀴드의 포용력은 쉽게 흉내 낼 수 없는 효과를 자아낸다.

_서성록(안동대 미술학과 교수)

그가 직접 제작한 물감은 과거에는 안료(피그먼트), 린시드, 털펜타인의 조합이던 것이 최근에 와서 안료, 더치 미디움, 털펜타인으로 바뀌었다. 안료, 더치 미디움, 희석용 털펜타인 이 셋의 비율에 따라 밀도, 비중, 점성, 표면장력 등 물감이 가지는 유체(流體)로서의 성격이 달라진다. 여기에 캔버스의 기울기라는 조건이 추가되어 유체의 속도가 달라진다.

작가가 원하는 대로 물감이라는 유체가 표현의 경계 지점까지 도달하는 데에 걸리는 시간은 빠르면 30초, 길면 1시간 30분 정도다. 오일페인팅의 재료적인 특성상 하나의 레이어에서 물감이 다 마르기까지는 시간이 꽤 걸린다. 작품에 따라선 느리게 건조가 완료되는 레이어들을 스무 번 이상 차곡차곡 쌓아 올리기도 한다.

한 작품의 제작하는 데에 걸리는 시간은 평균적으로 6개월 이상이다. 안료를 고착시키는 바인더의 역할을 하는 더치 미디엄이 털펜타인으로 희석되었기 때문에 안료와 미디엄, 털펜타인 등 물감 전체가 안정적으로 캔버스 위의 안정된 표층으로 고착되는 데는 2년에서 3년이 걸린다.

완성에 이르기까지 기다리고 또 기다려야 하는 느릿한 진행 속도의 작업이다.

_황인(Hwang, In 미술평론가)

작가는 사각형의 캔버스를 바닥에 눕혔다. 일상적 삶의 공간과 그림의 공간이 일치되는 순간이다. 순간 시선은 위에서 아래를 향해 내려간다. 정면성의 법칙이 무화되고 일점 투시의 조망의 체계도 사라지고 난 후 수평의 시선이 어떤 편애없이 화면을 바라본다. 캔버스는 대지처럼 누워 모든 것을 받아들일 자세로 투항한다. 그것은 몸을 열었다.

작가는 화면 위에 물감(피그먼트를 사용하는데 이 피그먼트 자체가 무거우니까 화면에 고이게 된다)을 붓는다. 붓을 쓰지 않고 따라서 직접적인 손맛을 느낄 수 없게 질료를 쏟고, 그에 따라 손에 망령처럼 붙어 있던 습관적인 그리기의 유혹과 모든 미술사의 역사는 잠시 사라졌다. 아니 망각되었다. 물감을 화면 위, 안에 붓는 행위는 아무것도 없는, 아무 일도 일어나지 않은 바탕에 사건을 일으키는 일이다. 무엇을 그리기보다는 어떤 상황을 극적으로 연출하고 물리적인 법칙의 인과관계를 시각화하는 일이다.

모든 사물은 인과관계 속에서 실재한다. 개별적인 사물 자체만으로는 의미가 없다. 물감은 천을 만나 새로운 관계로 접어들고 아래로 흐르면서 중력의 법칙을 받고 아울러 시간의 지배 속에서 변화해 간다.

바람과 공기, 온도와 습기도 조용히 관여한다. 여기에 작가가 인위적으로 개입해서 물감을 흔들고 방향을 달리해 주며 모종의 형상, 효과를 찾는다. 경사면을 조율해 가며 캔버스를 돌려가는 과정을 통해 물감은 흐르고 퍼져 나가면서 다양한 방향성으로 자취를 만드는 것이다. 주어진 틀 밖으로 나가려는 물감의 관성을 통제하는 과정에서 물감은 작가의 신체 안에서, 의식 안에서 살아 숨쉬는 존재가 된다.

그는 물감을 보듬고 품고 어르면서 그것들이 원하는, 그것들에 합당해 보이는 어떤 상황을 안긴다. 기울기에 의해 물감은 맹렬히 돌진하다가 또 다른 경사면의 제공으로 이내 다른 쪽으로 펴져 나가고자 욕망한다. 캔버스의 경계까지 내쳐 달리면 다시 안쪽으로 밀어 넣어지고 그렇게 한정된 사각형의 틀 안에서 물감들은 자기 생존의 영역을 지도화한다. 그 주어진 틀을 벗어나지 못하는 물감은 다만 한계상황 내에서, 임계지대 안에서 자신의 성을 욕망한다. 그렇게 이루어진 이미지, 얼룩은 사각형의 꼴에 의해 제한된 것이다.

　　　　　　　　　　　　_박영택 경기대 교수('자연이 그리다' 평론 발췌)

이와 같은 작업 방식을 고집해 왔던 터라 내 영혼은 물론이거니와 몸도 갈아 넣어야 할 정도로 힘겨울 때가 많았다.

어깨와 팔을 혹사하는 작업에 몰두한 나머지 힘줄이 끊어지기도 했지만 나는 이런 고통까지도 감사한다. 화가로서의 재능과 능력을 마음껏 발휘하고 산다는 것 자체가 나한테는 더할 수 없는 축복일 테니까 말이다.

최고가 되기보다 최선을 다하자!

　앞에서도 언급했듯이 내 작품을 감상하는 사람들은 나의 작품 표현 기법은 아주 특이하다고 입을 모은다. 붓을 사용하지 않고 바닥에 깐 캔버스 위에 피그먼트와 미디엄으로 직접 제조해서 물감을 부어서 캔버스를 위아래, 각도에 따라 움직이며 제작한다. 색깔을 정하여 각도를 맞춰 뿌리거나 닦아 내거나 흘리기도 한다. 이와 같은 작업을 작품에 따라 40, 50회에서 100회를 반복할 때도 있다. 그렇게 완성된 작품은 내가 들인 공력만큼이나 특이한 색채와 문양을 만들어 내곤 한다.
　다음은 인터뷰에서 한 나의 발언을 옮겨 놓은 것이다.

　색을 쌓아 간다 생각하시면 돼요. 색을 올리고 쌓고 층층이 쌓는 느낌, 단숨에 칠해서 나온 느낌이 아니라 쌓아 가면서 색층의 묘한 느낌이 생기죠.

예전에는 풍경을 바라보는 듯한 큰 스케일의 작업을 많이 했지만 지금은 작은 것에서 큰 것을 표현하려고 합니다. 생명에 대한 존중이나 살아 있는 것 자체에 대한 감사함에 대해서요.

아랫글은 2021년 갤러리초이에서 가졌던 개인전의 작가 노트 'Symphony of the Spirit'에서도 내 작품의 소회를 밝힌 발췌본이다.

궁극적으로는 작품 안에서 자연과 자연의 질서와 그 축소판인 인간의 삶, 이성과 감성에의 한 관계성을 살아 숨쉬듯 표현하고자 한다. 이는 작품 제목인 Symphony of the Spirit'에서 보여주듯 하나뿐인 존재로서의 인간 개개인의 희로애락과 운동태인 자연이 화면 안에서 삶의 교향악으로 연주되며 시각을 너머 심상으로부터 들려오는 작품으로 표현하고자 한다.

미술평론가 황인이 쓴 '빛과 물질이 흐르는 시간의 끝과 그 너머'라는 제목에 내 개인전 작품 평문 중 일부분을 소개하도록 하겠다.

김미경의 화면은 깊다. 피막처럼 매우 얇은 색면들의 중첩일 뿐인데 무한한 깊이를 느끼게 한다. 그 깊이는 물감을 잔뜩 묻힌 붓으로 그려 나간 그림에서 느껴지는 깊이감과 전혀 다른 신묘한

?

119
열정과 자연의 화가 김미경

?

누구 시리즈 41

경지다.

대개의 회화는 붓을 통해 이편의 신체가 저편의 세상과 만난다. 붓은 세상의 이편과 저편의 세상을 이어 주는 소통의 메신저다 김미경의 경우, 붓의 운용이 전혀 없는 건 아니지만 그 필세가 매우 미미하다. 대신 물감을 묽게 하여 유체(流體) 상태로 만든 다음 캔버스의 기울기를 조절하며 중력에 의해 그림이 그려지도록 한다.

시간의 가역반응으로 거꾸로 흘러가는 일은 자연에서는 불가능하다. 조형의 세계에서는 가능하다. 그러기에 시간이 질서정연하게 흘러가면서 만들어진 자연의 꽃의 형상과 시간의 흐름이 단속적이면서도 때때로 그 흐름들이 뒤엉켜 버리는 김미경의 비슷한 조형은 전혀 다른 감각으로 읽히는 것이다. 캔버스 위의 꽃은 자연의 꽃이 아니라 인공의 꽃이며 바로 미술이라는 사유가 자아낸 꽃이라는 걸 김미경의 작품들은 웅변하고 있다.

나는 내가 만든 작품이 생명력 있는 그림이기를 원하고 그런 댁락에서 환경문제에 관심을 기울이고 있다. 꽃이나 나무의 이미지를 주로 표현해 온 만큼 인간의 삶이 자연의 축소판이라고 생각해 왔다.

어느새 육십 중반의 나이를 살고 있다. 장애를 장애로 여기지 않고 숨 가쁘게 살아왔지만, 나이를 속일 순 없다. 한국과 세계를 누비고 열심히 다녔는데 이젠 근육도 약해지고 왼쪽 다리 무릎이

휘어지는 바람에 걷는 일이 쉽지 않다. 그래서 얼마 전부터는 지팡이에 도움을 받고 있다. 열심히 살았지만 다 성공한 날들만 있지 않았다. 17년의 강사 생활을 하며 전임교수 초빙공고에 원서를 내고 면접까지 갔지만 최종에서 여러 번 탈락하기도 했다. 이후 10년간 작품에 몰두하는 시간을 가졌다. 나에겐 가르치는 일만큼이나 작품 창작 활동도 중요했기 때문에 그 시간도 내게는 참으로 소중했다.

기회는 준비된 자에게 찾아온다는 말은 항상 준비하고 있으라는 말과 다르지 않은 걸까? 기대하지 않았던 내게 기회는 느닷없이 찾아왔다. 모교인 홍익대학교에서 경력직 교수를 뽑는다는 공고에 원서를 냈고 2023년 교수로 임명되었다. 다른 분들 같으면 퇴임을 앞둔 나이에 나는 새로운 마음으로 강단에 설 수 있게 되었다. 현업에서 은퇴한 남편은 현장 경험을 살려 강의를 하고 있는데 작업실에서 늦게 오는 나를 기다리며 가사 일을 돕기도 한다. 이제 남편은 예전 대학 시절의 풋풋했던 연인인 동시에 힘난한 세파를 함께 헤쳐 온 전우이기도 했다. 때로 일심동체의 나 자신으로 느껴질 때도 있다. 남편은 언제나 그랬듯이 나의 작품을 솔직하게 평가하는 훌륭한 관객이자 비평가로서도 훌륭한 사람이다.

철이 들면서부터 화가를 꿈꿨고 그 꿈을 이루었지만 나는 최고의 화가를 목표하지 않았다. 하나하나의 작품을 완성하는 순간과 날마다 찾아오는 오늘에 최선을 다해 살았을 뿐이다. 그것이 근면하고 성실하게 살면서 나의 인생을 빛나게 했던 소신이었고 신념이었다.

　나는 오늘도 힘차게 불편한 발을 내딛는다. 내 그림이 펼쳐지는 환상이 자연과 인생에 맞닿기 위해서. 이것이 내가 그림을 통해 이해하는 세상이다.
　나는 마주하는 모든 순간 최선을 다했으므로 다가오는 또다른 순간들을 기꺼이 맞이할 것이다.

김미경

홍익대학교 미술대학 교수
홍익대학교 미술대학 겸임교수, 명지대 영상디자인학과 겸임교수 역임

1989 뉴욕 Pratt Institute 대학원 회화과 졸업(M.F.A.)
1984 홍익대학교 미술대학 서양화과 졸업(B.F.A.)
1980 서울예술고등학교 졸업

수상
2006 한국청년작가상, KCAF
2004 현대미술 정예작가 대상

개인전
2024 산울림 아트 앤 크래프트(서울), 갤러리마노(서울)
2023 갤러리아쉬(헤이리, 파주)
2022 까망돌도서관(동작구 구립도서관, 서울)
2021 갤러리초이(서울)
2020 아트스페이스KC(판교), Art M(광명)
2019 갤러리피나코텍(뮌헨, 독일)
2017 박영덕화랑(서울)
2015 갤러리 아쉬서래(서울)
2013 신화갤러리, 피그먼트 프린트, 랜드마크 센츄럴(홍콩), 리갤러리(베를린, 독일)
2012 박영덕화랑(서울), 신화갤러리(홍콩), KCAF, 예술의전당(서울)
2011 International Messe fur Klassische Moderne und Gegenwartskunst, Karlsruhe(독일), KCAF, 예술의전당(서울)
2010 International Messe fur Klassische Moderne und Gegenwartskunst, Karlsruhe(독일), KCAF, 예술의전당(서울), 리갤러리(베를린, 독일)
2009 박영덕화랑(서울), 갤러리피나코텍(뮌헨, 독일)
2008 KCAF, 예술의전당(서울), International Messe fur Klassische Moderne und Gegenwartskunst, Karlsruhe(독일)
2007 SFAS, 예술의전당(서울), 박영덕화랑(서울), KCAF, 예술의전당(서울), International Messe fur Klassische Moderne und Gegenwartskunst, Karlsruhe(독일), 갤러리피나코텍(뮌헨, 독일)
2006 KCAF, 예술의전당(서울)
2005 KCAF, 예술의전당(서울), 화이트박스갤러리, 샌 페드로, 캘리포니아, 가나인사아트센터(서울), 스페이스함(구 렉서스갤러리, 서울)

2003 갤러리아트링크(서울)
2001 모인화랑(서울)
1999 갤러리메이(서울)
1996 조성희화랑(서울)
1994 갤러리포커스(서울)
1993 갤러리이콘(서울)
1992 갤러리2000(서울)
1991 윤갤러리(서울)
1989 바탕골미술관(서울)
1988 Higgins Hall(뉴욕)

단체전
2023 화랑미술제(코엑스, 서울), KIAF Seoul 2024(코엑스, 서울), 2023 부산국제화랑아트페어(백스코, 부산), KIAF Seoul 2023(코엑스, 서울)
2022 'For the Peace of Mind', 갤러리마노, '광야에서', 새문안아트갤러리
2021 PLAS2021(조형아트서울), 갤러리초이, COEX, 포용적 예술전, 대구예술 발전소, 'BLUE ROOM' 전, '홍익루트'전, 홍익대학교 현대미술관
2020 '봄바람 휘휘호호' 전, 신세계갤러리, '각각의 색' 전, 대구예술발전소, PLAS2020(조형아트서울), 갤러리초이, COEX, '여백' 전, 갤러리마노, FREEDOM 2020 아듀 디스토피아전, 아트셀시, 서울 외 400여 회

작품 소장
국립현대미술관 미술은행, 상업은행, 정부미술은행, 오시리아스위첸마티에, 주한모나코 영사관, Galaxy Hotel, Macau, HSBC Private Bank(Suisse)SA, HK Office, HongKong, New World Development, HongKong, Pratt Institute